KB096956

임금에 관한 온갖 헛소리

조지 프레더릭 와츠, 〈존 스튜어트 밀의 초상화〉, 1873.
존 스튜어트 밀은 이윤은 생계에 필요한 것 이상으로 물건을 만들어내는
노동의 신비한 생산력에서 나온다고 했다. 그는 교환이 없어도 노동을 하면
이윤이 생겨난다고 말했다. 심지어 노동자도 일종의 자본가라는 주장까지 폈다.
노동자가 노동 후에 임금을 받는 것은 노동을 투자한 것과 같다는 것이다.
그런데도 그는 당대의 '위대한 지성'으로 불렸다.
마르크스의 표현을 쓰자면 겨우 한 무더기의 흙을 언덕으로 보이게 만든 것이다.
그는 학문 시장에서 과대광고 된 상품이 아니었을까.

마르크스는 독일에서 헤겔 철학이 몰락하는 과정을 아주 흥미롭게 그렸는데요.[1] 그것은 어느 순간에 일어난 영웅의 비극적 죽음이 아니라 수십 년에 걸쳐 일어난 부패 과정이었습니다. 마르크스에 따르면 부패가 오래 진행되면서 발효가 일어났습니다. 술을 빚을 때처럼 부글부글 끓어오른 것이지요. 이렇게 부글부글 끓어오른 사상의 거품들(혹은 여기에 도취한 존재들)이 청년 헤겔파입니다. 이들의 논쟁은 그리스의 신화적 영웅들이 벌이는 싸움 이상으로 화려했습니다. 세계사의 거대한 파노라마가 펼쳐졌지요. 마르크스의 표현을 그대로 쓰자면 이 '사상의 영웅들'이 벌인 논쟁은 "프랑스혁명조차 어린애 장난처럼 보일 정도로" 거대했습니다.

그러나 실제로는 영웅도, 거인도 없었습니다. 이 모든 것은 한 거대한 사상의 부패 과정("절대정신의 부패 과정")에서 일어난 일입니다. 발효로 생겨난 거품과 여기에 취한 사람들이 있었을 뿐이지요. 실제 업적이 컸던 것이 아니라 업적에 대한 환각이 컸던 겁니다. 모두가 겨우 한 줌의 흙을 쌓아두고는 거대한 산을 세웠노라고 떠들어대고 있었지요.

그런데 이제 막 자본주의적 생산양식에 대한 연구에 열을 올릴 때여서 그랬을까요. 마르크스에게는 독일의 철학과 사상에서 일어난 일이 상품 세계에서 일어난 일처럼 보였습니다. 그에 따르면 청년 헤겔파는 일종의 철학기업가들(phi-losophischen Industriellen)입니다. 오랫동안 "절대정신을 우려 먹으며 살아왔던" 이들 철학기업가들은 헤겔 철학의 몰락으로 큰 위기에 봉착했습니다. 뭔가 팔아먹을 만한 신상품을 내놓아야 했지요. 이들은 해체된 사상에서 몇 가지 파편들을 긁어모았습니다. 새로운 화합물을 만들었지요. 그러고는 자신들이 관리하는 소매상을 통해 판매했습니다. 당연히 판매 경쟁이 일어났습니다. 처음에는 신사적이었습니다. 그러나 시장이 포화 상태에 이르자 상황이 돌변했지요.

청년 헤겔파는 목소리를 더욱 높였습니다. 그들의 목소리가 그토록 드높았던 것은 그들이 실은 상품을 팔아야만 하는 상인들이었기 때문입니다. 마르크스는 당시 상황을 이렇게 요약합니다. 염가 판매에 모조품 생산이 판을 치고, 상품의 질은 조악해졌으며, 원료에는 불순물이 섞였다. 위조 상표를 붙이기 일쑤였고, 허위거래가 일어났고, 부도난 어음이 돌아다녔다. 신용제도는 완전히 기반을 잃어버렸다. 독일 철학에서 일어난 일이 우리가 지난 책들에서 언급했던 영국 런던의 염가 빵집에서 일어난 일과 똑같았습니다.

요컨대 청년 헤겔파의 '거대한 업적'이란 도취한 주정뱅이가 본 환각이기도 했지만, 시장에서 경쟁적으로 상품을 팔아야 했던 장사꾼의 과대광고("철학적 과대광고")이기도 했던 겁니다. 헤겔의 거대한 사상은 이렇게 속류화해 몇 푼에 팔려가는 염가 상품이 되었습니다.

그런데 독일 철학에서 일어난 일이 영국의 정치경제학에서도 일어났습니다. 헤겔 철학이 겪은 일을 리카도 경제학도 겪었습니다. 독일에서 헤겔 철학이 몰락할 때 영국에서는 고전파 경제학이 몰락하고 있었습니다. 독일에서 청년 헤겔파가 앞다투어 신제품을 내놓을 때, 영국에서도 리카도를 속류화해 팔아먹는 사람들이 나타났습니다.[김, 698; 강, 709]

이들 속류 경제학자들은 리카도 경제학의 파편들을 긁어모아 저질의 염가 상품을 내놓았습니다. 이를테면 이런 상품들이지요. 원래 리카도는 이윤(잉여가치)의 크기가 노동생산성의 변화에 달려 있다고 보았는데요. 그의 후계자들은 노동생산성에 따라 잉여가치의 크기가 달라진다는 주장을 노동생산성이 이윤의 원천이라는 주장으로 바꾸었습니다(아마 바뀐 줄도 몰랐을 겁니다. 그런 걸 알아보는 눈이 있었다면 애초에 그런 물건을 만들지도 않았겠지요). 리카도라는 상표를 붙여놓고는 진품이 아니라 모조품을 출시한 겁니다.

반세기가 지나 존 스튜어트 밀(John Stuart Mill)은 이 모조품을 다시 신상품처럼 들고 나왔습니다. 이윤은 생계에 필요한 것 이상으로 물건을 만들어내는 노동의 신비한 생산력에서 나온다고요. 노동의 신비한 생산력을 너무 강조한 나머지 그는 교환이 없어도 노동만 하면 이윤이 생긴다는 말까지 합니다. 교환이 없으면 상품이 없고, 상품이 없으면 자본주의가 없다는 것은 생각지도 못하고요. 허위거래에 부도수표까지 사용한 셈이지요.

여기가 끝이 아닙니다. 어떤 곳에서 밀은 노동자도 일종의 자본가라는 주장까지 폅니다. 노동자가 노동 후에 임금을 받는 것은 노동을 투자한 것과 같다는 거죠. 이처럼 자본가와 노동자도 학문적으로 구분할 수 없는 지경에 이르면 더는 경제학자라고 말하기도 어렵겠지요. 학자로서 신용이 파탄 났다고 해야 합니다. 그런데도 그는 당대의 '위대한 지성'으로 불렸습니다. 마르크스의 표현을 쓰자면 겨우 한 무더기의 흙을 언덕으로 보이게 한 겁니다. 과대광고에 성공한 셈이지요.

〈북클럽『자본』〉 9권은 잉여가치율과 임금을 둘러싼 온갖 횡설수설과 착시, 기만, 술책에 대한 마르크스의 비판을 담고 있습니다. 그런데 여기서 마르크스의 태도는 소위 정품 이론을 다룰 때와는 다릅니다. 이것저것 마구 뒤섞어놓은 엉터리 주장, 오로지 더 많은 이윤을 얻기 위해 유포하는 환상과 속임수. 마르크스는 이것들을 어떻게 비판할까요.

청년 시절 마르크스는 독일 사회에 대해 비슷한 물음을 던졌는데요. 비판의 수준에 미달하는 사회가 비판의 대상일 때 비판이란 과연 무엇인가. 그는 말했습니다.[2] 이 경우에는 이미 "비판과 대상의 사이는 끝장 나 있다"라고요. 협상하고 말고 할 게 없습니다. 작은 개선이라도 해보겠다고 협상하고 타협하면 또 다른 착시와 기만과 술책이 생겨납니다. 이럴 때 비판가는 '교정'이나 '논박'조차 넘어서야 합니다. 비판가는 비판 대상을 '고발'하고 '탄핵'해야 합니다. 그래서 흙무더기가 흙무더기로, 엉터리가 엉터리로, 비참이 비참으로, 부끄러움이 부끄러움으로 드러나도록 해야 합니다.

천박하고 엉터리인 주장들에 대해 이렇게까지 할 필요가 있을까. 『자본』은 다른 책들과 다릅니다. 『자본』은 프롤레타리아트의 편에서 쓴 책입니다. 학문적으로 중요한 이론을 검토하는 것만큼이나 현실적으로 폐해가 큰 주장을 탄핵하는 것이 중요하지요. 노동자들의 건강에 치명적 영향을 미치는 불량 빵이 과대광고 속에 염가로 판매되고 있다면, 이를 고발하고 탄핵하는 일은 성찬례에 사용될 빵과 포도주를 고르고 점검하는 일보다 훨씬 시급하고 중요하지요. 적어도 마르크스한테는 그렇습니다.

차례

저자의 말——학문의 염가 판매와 과대광고 005

1 **자본주의에서, 유능한 노동자가 된다는 것** 015
   ◦ 원근법적 물신주의—역사에 대한 시각적 기만
   ◦ 생산적 노동이란 무엇인가
   ◦ '생산적 노동'에 대한 스미스의 두 가지 규정
   ◦ 서비스 노동은 생산적 노동이 아닌 것인가
   ◦ 미덕의 불운

2 **자본가의 지배와 자연의 침묵** 043
   ◦ 자본에 포섭된 노동—"칼 없는 계약"은 없다
   ◦ 절대적 잉여가치도 '상대적'이고, 상대적 잉여가치도 '절대적'이다
   ◦ 자연은 사고야자나무를 누구에게 선물했는가
   ◦ 자연을 지배하고 노동자를 지배하고 식민지를 지배하다
   ◦ 자본과 식인종—적어도 400만 명의 식인종이 산다
   ◦ 노동자는 자본가다?—어리석은 '위대한 지성'

3 **커져가는 계급 격차**——노동력의 가격과 잉여가치의 크기 085
   ◦ 마르크스의 『자본』은, 흐르는 강물처럼
   ◦ '노동력의 가치'와 '잉여가치'에 영향을 주는 세 가지 요인
   ◦ 잉여가치의 '상대적 크기'는 어떻게 달라지는가
   ◦ 잠시 기분전환을 위하여—잉여노동시간이 사라진 세상
   ◦ 고전파 경제학의 잉여가치율 정식—"하데스의 투구"를 쓰고 싶은 사람들

4 임금에서 생기는 착시 현상 143

  ◦ 임금은 노동소득이고 이윤은 불로소득이다
  ◦ 임금은 노동의 대가가 아니다
  ◦ '노동의 가격'이라는 엉터리 말
  ◦ '노동의 가격'이라는 교활한 말
  ◦ '당신이 일한 만큼 받는 것'이라는 거짓말

5 임금형태를 둘러싼 술책 169

  ◦ 임금형태 ①—시간급제
  ◦ 임금형태 ②—성과급제
  ◦ 국가별로 다른 임금, 그리고 그 차이의 의미
  ◦ 아름답고 조화로운 자본주의?
    —케리와 바스티아에 대한 비판

부록노트
  ◦ 노동력을 생산하는 노동에 대하여 209

  주 228

일러두기

- 『임금에 관한 온갖 헛소리』는 열두 권의 단행본과 열두 번의 강연으로
  채워지는 〈북클럽 『자본』〉 시리즈의 9권입니다. 〈북클럽 『자본』〉은
  철학자 고병권이 카를 마르크스의 『자본』 I권을 독자들과 함께
  더 깊이, 더 새롭게, 더 감성적으로 읽어나가려는 기획입니다.

- 『임금에 관한 온갖 헛소리』는 『자본』 I권 제5편 "절대적·상대적
  잉여가치의 생산"(제14~16장)과 제6편 "임금"(제17~20장)을 다룹니다.
  〈북클럽 『자본』〉의 출간 목록과 다루는 내용은 아래와 같습니다.
  괄호 안은 『자본』 I권의 차례이며 독일어 판본(강신준 옮김, 『자본』, 길)을
  기준으로 삼았습니다.

  1권(2018. 08) ─ 『다시 자본을 읽자』

  　　　　　　　　　　(『자본』 I권의 제목과 서문 등)

  2권(2018. 10) ─ 『마르크스의 특별한 눈』

  　　　　　　　　　　(『자본』 I권 제1장)

  3권(2018. 12) ─ 『화폐라는 짐승』

  　　　　　　　　　　(『자본』 I권 제2~3장)

  4권(2019. 02) ─ 『성부와 성자_자본은 어떻게 자본이 되는가』

  　　　　　　　　　　(『자본』 I권 제4장)

  5권(2019. 04) ─ 『생명을 짜 넣는 노동』

  　　　　　　　　　　(『자본』 I권 제5~7장)

  6권(2019. 06) ─ 『공포의 집』

  　　　　　　　　　　(『자본』 I권 제8~9장)

  7권(2019. 10) ─ 『거인으로 일하고 난쟁이로 지불받다』

  　　　　　　　　　　(『자본』 I권 제10~12장)

  8권(2019. 12) ─ 『자본의 꿈 기계의 꿈』

　　　　　　　(『자본』 I권 제13장)

9권(2020. 03)—『임금에 관한 온갖 헛소리』

　　　　　　　(『자본』 I권 제14~20장)

10권(2020. 08)—『자본의 재생산』

　　　　　　　(『자본』 I권 제21~22장)

11권(2020. 12)—『노동자의 운명』

　　　　　　　(『자본』 I권 제23장)

12권(2021. 04)—『포겔프라이 프롤레타리아』

　　　　　　　(『자본』 I권 제24~25장)

- 〈북클럽『자본』〉에서 저자는 독일어 판본 '마르크스·엥겔스전집'
  *MEW: Marx Engels Werke*과 김수행이 우리말로 옮긴 『자본론』(I,
  비봉출판사, 2015), 강신준이 우리말로 옮긴 『자본』(I, 길, 2008)을
  참고했습니다. 본문 내주는 두 번역본을 기준으로 표기하되
  필요하면 지은이가 번역문을 수정했습니다. 단, 본문에서
  마르크스의 『자본』 원문의 해당 장(章)을 언급할 때, 시리즈의
  3권부터는 독일어 판본을 기준으로 표기하고 영어 판본(김수행
  번역본)이 그것과 다를 경우 괄호로 병기했습니다.

- 〈북클럽『자본』〉은 이전에 없던 새로운 활자체를 사용하였습니다.
  책과 활자를 디자인하는 심우진이 산돌커뮤니케이션과 공동 개발한
  「Sandoll 정체」가족의 530, 630입니다. 그는 손글씨의 뼈대를
  현대적으로 되살려 '오래도록 편안한 읽기'를 위한 본문 활자체를
  제안하였습니다. 아울러 화자의 호흡을 고스란히 드러내는
  문장부호까지 새롭게 디자인하여 글이 머금은 '숨결'까지
  살려내기를 바랐습니다.

1

자본주의에서,
유능한 노동자가 된다는 것

자본주의에서 노동자는
비극적 아이러니와 마주하게 됩니다.
"생산적 노동자가 된다는 것은
결코 행운이 아니며 오히려 지독한 불운이다."
그의 불운은 그가 가진 미덕의 결과입니다.
생산적이고 유능한 존재가 된다는 것은
훌륭한 일이지만
자본주의라는 조건에서는
더 쉽게 더 많이 착취된다는 뜻이니까요.
양계장이라는 조건을 고려하면
알을 많이 낳는 암탉이
결코 축복이 아닌 것처럼 말이지요.

빌헬름 함메르쇠이, 〈여인의 뒷모습〉, 1888.
'노동'이란 '노동력을 사용하는 것'이라는 이 말이 동어반복적으로 들리는 이유는
우리가 암묵적으로 '노동력을 사용하는 주체'와 '노동하는 인간'을 동일시했기 때문이다.
그러나 자본주의에서는 그럴 수 없다. 자본주의에서 노동력 사용의 주체는
노동하는 인간이 아니다. 노동력의 사용권은 노동하지 않는 인간 즉 자본가에게 있다.

원근법에 따르면 가까이 있는 사물은 크고 진하며 멀리 있는 사물은 작고 희미합니다. 우리 눈에 비친 사물의 크기는 사물 자체의 크기보다는 그것과 나의 거리에 달려 있습니다. 가까우면 작은 것도 커 보이고 멀면 큰 것도 작아 보입니다. 서양 회화는 오랫동안 이 원리에 입각해 공간을 표현해왔습니다.

그런데 원근법은 시간에 대해서도 작동하는 것 같습니다. 역사적 사실의 크기는 현재와의 거리에 영향을 받습니다. 현재와 가까울수록 더 크고 중요하게 보이지요. 공간에서처럼 이것 역시 현재 나와의 거리에서 생겨난 효과입니다. 이를 이해하지 못하는 사람은 멀리 있는 초가집에는 개미만 한 사람이 산다고 믿거나 남산 위 둥근 달의 실제 크기는 쟁반 정도라고 믿는 사람과 다를 바 없지요.

◦ 원근법적 물신주의─역사에 대한 시각적 기만

도대체 누가 그렇게 믿겠냐고 말할지 모르겠습니다만 의외로 학문의 세계에는 그런 사람들이 있습니다. 과거가 작아 보이는 이유가 현재와의 거리 때문이라는 사실을 망각하고 과거가 실제로 그렇게 작다고 믿는 것이지요. 현재의 사회형태를 역사상 가장 완전하고 성숙하며 보편적인 것으로 간주할 때, 그래서 과거의 사회형태를 결핍되고 미숙하며 일종의 예외인 것으로 간주할 때 그런 믿음을 갖기 쉽습니다. 이들은 대체로 현재와 가까운 시대일수록 더 발전된 사회라고 생각합니다. 일종의 원근법적 물신주의에 빠져 있다고 할까요. 이런 착각에서 벗어나려면 자기 자신이 속한 시대와도 거리를 둘 수 있어야 합니다.

이것이 마르크스의 '비판'입니다. 마르크스는 "기독교는 자기비판이 어느 정도까지…… 완료되었을 때 비로소 그 이전의 신화들을 객관적으로 이해하는 데 도움을 줄 수 있"었고, "부르주아 경제학은 부르주아사회의 자기비판이 개시되었을 때 비로소 봉건적·고대적·동양적 사회에 대한 이해에 도달"했다고 했습니다.[3] 자기 시대로부터 거리를 둘 수 없는 사람은 자기 시대도 제대로 보지 못하지만 다른 시대도 제대로 볼 수 없습니다. 내가 〈북클럽『자본』〉 시리즈 2권에서 말한 마르크스의 '특별한 눈'이란 바로 자기 시대와 거리를 둘 수 있는 눈입니다.

『자본』 제5편으로 접어들면서 우리는 마르크스의 이러한 면모를 재확인할 수 있습니다. 사실은 마르크스 자신이 독자들에게 우리 시대에 대한 비판적 시각(혹은 우리 시대의 시각에 대한 비판)의 중요성을 다시금 일깨워주고 싶어하는 것 같습니다.

『자본』 제5편의 제목은 "절대적·상대적 잉여가치의 생산"이고, 그 첫 장인 제14장(영어판은 제16장)의 제목은 "절대적·상대적 잉여가치"입니다. 제목만 보면 『자본』 제5편은 이미 우리가 살펴본 제3편 '절대적 잉여가치의 생산'과 제4편 '상대적 잉여가치의 생산'을 단순히 합쳐놓은 것 같습니다. 그러나 실제 내용은 그렇지 않습니다. 제3편과 제4편은 잉여가치를 생산하는 방식에 대한 것입니다. 절대적 잉여가치는 노동일의 연장을 통해(제3편), 그리고 상대적 잉여가치는 노동생산력의 증대를 통해(제4편) 생산됩니다. 자본가는 노동자를 더 오래, 더 효과적으로, 더 강도 높게 일하도록 함으로써 더 많은 잉여가치를 얻습니다. 한마디로 잉여가치를 얻기 위해 더 유능한 노동자를 만드는 셈이지요.

그런데 자본주의에서 유능한 노동자가 된다는 것은 어떤 의미일까요. 제5편에서 마르크스는 잉여가치를 생산하는 방법이 아니라 잉여가치를 생산한다는 것의 의미를 묻습니다. 노동자의 생산력이 늘어난다는 것은 어떤 의미가 있을까요. 자본주의에서 생산적인 존재가 된다는 것은 축복일까요, 불행일까요. 우리는 제5편의 시작과 더불어 우리 시대 즉 자본주의사회에서 '생산적'(produktiv)이라는 말이 얼마나 독특한 의미를 갖고 있는지를 볼 겁니다. 우리가 얼마나 독특한 시각으로 인간의 생산활동을 이해하는지, 더 나아가 우리가 얼마나 독특한 시대에 살고 있는지 새삼 확인할 겁니다.

제5편과 제6편에서 마르크스가 시도하는 작업을 나는 '착시의 교정'이라고 부르고 싶습니다. 자본주의에서는 내리막길이 오르막길로 보이는 착시 현상이 자주 나타납니다. 이를테면 노동력의 가치 이하로 지불된 임금인데도 정당한 대가를 받은 것처럼 보이고, 임금의 상대적 크기(잉여가치의 크기나 생산물 전체의 크기를 고려했을 때)가 작아지고 있음에도 임금이 과거에 비해 많이 오른 것처럼 보입니다. 이번 책 9권에서

우리는 마르크스가 우리 시대의 '감각적 눈'에 나타난 바를 '이성의 눈'으로 바로잡는 것을 봅니다. 우리 눈에 나타난 현상을 그대로 믿는 대신 사물의 질서가 왜 그렇게 나타났는지를 해명하지요.

참고로 마르크스는 『자본』 제14장 끝에서 '시각적 기만'(optische Täuschung)이라는 표현을 썼는데요. 존 스튜어트 밀을 비판하면서 한 말입니다. 밀이 역사적으로 보면 "단지 지구상에서 예외적으로 지배하고 있는" 자본주의를 인류사에서 '예외 없이' 나타나는 보편적 형태로 간주하고 있다는 것이지요. 마르크스는 당대 '위대한 지성'으로 칭송받던 밀조차 자기시대의 시각적 기만에서 벗어나지 못했다고 지적합니다. [김, 700; 강, 711]

마르크스는 고전파 경제학자들에 대해서도 비슷한 말을 했습니다. 그들도 일종의 '환상'(Illusionen)을 본다고요. 특히 임금과 관련해 고전파 경제학자들은 '사태의 진상'(참된 사물의 질서, wahren Sachverhalt)에 가까이 다가갔으면서도 정식화하는 데는 실패했습니다. 이유가 뭘까요. 눈에 뭔가가 씌어 있기 때문입니다. 마르크스는 "그들이 부르주아적 외피를 두르는 한에서 [사태의 진상을 보는 것은] 불가능할 것"이라고 했습니다.[김, 737; 강, 744] 부르주아적 렌즈를 끼고 있는 한 제아무리 가까이 눈앞에서 사태를 관찰해도 이런 환상, 이런 기만에서 벗어날 수 없습니다.

◦ 생산적 노동이란 무엇인가

이제 제5편으로 들어가보겠습니다. '생산적 노동'이란 무엇인가. 이것이 첫 번째 주제입니다. 노동과정을 분석할 때 우리는 이미 이 표현을 접한 바 있습니다. 마르크스도 이 점을 독자들에게 환기해줍니다. 그는 제14장 첫 단락에서 제5장(영어판 제7장)에 썼던 '생산적 노동'에 관한 내용을, 주석까지 포함해 그대로 인용하고 있습니다.[김, 687; 강, 699]

우리도 기억을 되짚어볼까요. 노동과정이란 노동자가 노동수단을 가지고 노동대상에 변형을 가하는 과정입니다. 노동자의 노동, 노동대상, 노동수단 등 세 가지 요소로 이루어진 과정이지요. 이 과정은 생산물이 기준이 되어 기술될 수도 있습니다. 생산물을 생산하는 과정으로서 말이지요. 그러면 노동자의 노동은 생산물을 생산하는 노동이라는 의미에서 '생산적 노동'이 되고, 노동수단과 노동대상은 생산물을 생산하는 데 쓰인 수단이라는 의미에서 '생산수단'이 되지요.

그런데 마르크스는 이때의 '생산적 노동' 개념은 "자본주의적 생산과정을 다루는 데 결코 충분하지 않"다고 했습니다. 생산양식의 역사적 형태를 고려한 게 아니니까요.[김, 687; 강, 699] 어느 시대, 어떤 사회에서나 인간의 노동은 필요한 물건을 만들어내는 일이고 그것에 성공하는 한에서 생산적이라 할 수 있습니다. 자본주의에만 해당하는 게 아니라는 거죠.

그렇다면 지금 여기가 자본주의라는 걸 고려한다면 어

떻게 될까요. 자본주의적 노동과정의 생산물은 단순한 노동생산물이 아니라 상품입니다. 따라서 단지 물건을 만들어냈다는 것만으로는 생산적 노동을 위한 충분조건이 될 수 없습니다. 나는 우리 시리즈 5권에서 자본주의사회에서 이뤄지는 '생산적 노동' 개념은 9권에서 따로 다루겠다고 이야기했었습니다(『생명을 짜 넣는 노동』, 41쪽). 그때 예고한 곳이 바로 여기입니다.

『자본』 제5장에서 마르크스는 자본주의적 생산과정을 두 측면에서 분석했는데요. 한편으로는 현물을 생산하는 노동과정으로 분석했고, 다른 한편으로는 가치를 생산하는 가치증식과정으로 분석했지요. 이제 이 두 측면을 다시 따라가며 자본주의에서 '생산적 노동'이 어떤 것인지를 살펴보겠습니다.

먼저 노동과정이란 곧 현물을 생산하는 과정이라는 점을 고려하면서 이야기해보죠. 노동과정이란 노동자가 노동력을 발휘하는 과정이라고 할 수 있습니다. 제5장 첫 문장에서 마르크스는 이렇게 말했지요. "노동력의 사용은 노동 그 자체다." 이는 노동과정에 대한 동어반복에 가까운 규정입니다. 노동과정이란 말 그대로 노동이 이루어지는 과정이고 이것은 노동력을 사용하는 과정이라는 뜻이니까요. 그런데 나는 이 당연한 말이 자본주의에서는 매우 독특한 의미를 갖는다는 점을 지적한 바 있습니다(『생명을 짜 넣는 노동』, 57~58쪽). '노동'이란 '노동력을 사용하는 것'이라는 이 말이 동어반복적으로 들리는 이유는 우리가 암묵적으로 '노동력을 사용하는 주체'와 '노동하는 인간'을 동일시했기 때문입니다.

그러나 자본주의에서는 그럴 수 없습니다. 자본주의에서 노동력 사용의 주체는 노동하는 인간이 아닙니다. 노동력 사용권은 노동하지 않는 인간 즉 자본가에게 있으니까요. 노동과정은 자본가가 자신이 구매한 상품(노동력)을 소비하는 과정입니다. 여기서 노동하는 인간은 인격체로 대접받지 못합니다. 포도주를 발효시키는 효모와 같은 존재지요. 포도주의 생산자는 효모가 아니라 효모를 사서 발효를 시킨 사람입니다. 마찬가지로 노동자는 능력을 발휘하지만 능력에 대한 통제권자가 아닙니다. 노동자의 두뇌와 근육에 관철되는 의지는 그의 것이 아니라 자본가의 것입니다(시리즈 5권에서 나는 노동과정에 대한 '자신의 통제'와 '자본가의 통제'라는 말이 갖는 차이를 길게 설명한 바 있습니다. 『생명을 짜 넣는 노동』, 58~59쪽).

그러므로 자본주의에서 생산적 노동에 대한 규정은 특별해질 수밖에 없습니다. 자본주의라는 역사적 형태를 고려하지 않았을 때는, 인간이 자기에게 유용한 물건을 만들어내는 것을 생산적 노동이라고 불렀습니다만, 자본주의에서는 이것으로 충분하지 않습니다. 노동자가 만드는 물건은 그 노동자에게 유용한 물건이 아닙니다. 그는 자본가가 원하는 방식으로 자본가가 원하는 물건을 만들어야 합니다. 이 규정에 부합해야 비로소 생산적 노동을 수행했다고 할 수 있지요.

더욱이 『자본』 제5편에 이른 지금 우리는 자본주의적 노동과정이 한 명의 노동자가 수행하는 일이 아님을 알고 있습니다. 자본주의는 처음부터 일정 규모 이상의 노동자를 고용하면서 역사에 등장했습니다. 혼자 만든 물건을 내다 파는 독립수공업과는 다릅니다. 역사적 자본주의의 첫 번째 생산형태인 매뉴팩처만 해도 상품은 이미 개별 노동자의 직접 생산물이 아니라 "전체노동자 즉 결합된 하나의 노동인격체(Arbeitspersonal)의 사회적 생산물, 공동의 생산물"이었습니다. 각각의 노동자들은 전체노동자라는 한 인격체의 "관절들"(Glieder)일 뿐이었고요.[김, 688; 강, 700]

생산의 협업적 성격을 고려한다면 '생산적 노동'에 대한 규정도 조금 달라져야겠지요. 생산적 노동이란 상품을 생산하는 노동이지만, 완전한 생산물로서의 상품은 개별 노동자가 아니라 전체노동자가 생산하니까요. '생산적 노동'을 생산물(상품)을 생산하는 노동으로 한정한다면 전체노동자한테만 합당한 말이 됩니다. 만약 개별 노동자의 노동에도 이 말을 쓰고자 한다면 규정을 조금 더 확장해야 합니다. 전체노동자의 한 부분이 되는 것, 그래서 부분노동을 수행하는 것도 생산적 노동이라고 해야 하지요. 이렇게 규정을 확장하면 우리는 개별 노동자의 노동에 대해서도 생산적 노동 개념을 쓸 수 있습니다. 부분노동자(혹은 부분기계)인 한에서 그는 생산적 노동을 수행한다고 말이지요.[김, 688; 강, 700]

다음으로 가치증식과정이라는 점에서 생산적 노동에 대한 규정을 생각해볼까요. 자본주의적 생산과정이란 현물의 생산과정이기도 하지만 가치의 생산과정(증식과정)이기도 합니다. 그리고 단순히 가치의 생산과정이라고만 하면 이 역시 부족합니다. 가치생산물이 생산수단의 가치에 노동력의 가치를 더한 데 그친다면, 다시 말해 잉여가치가 없다면 자본 자체가 불가능할 테니까요. 자본주의에서 생산적 노동이란 가치를 생산하는 노동이 아니라 '잉여가치를 생산하는 노동'이라고 해야 합니다. "잉여가치를 생산하는 노동자 즉 자본의 자기증식에 봉사하는 노동자만이 생산적"이지요.[김, 688; 강, 700]

가치증식과정을 고려하면 생산적 노동에 대한 규정이 상당히 좁아진다는 걸 알 수 있습니다. 잉여가치 생산에 관여하지 않는다면 설령 임금을 받고 노동을 수행해도 생산적 노동을 수행했다고 말할 수는 없으니까요. 이를테면 자본가가 고용한 운전기사는 자본가로부터 임금을 받는 노동자입니다만 생산적 노동자는 아닙니다. 그는 자기 노동력을 자본가에게 판매했고 그 대가로 운전 노동도 제공했습니다만 잉여가치를 창출하지는 않습니다. 자본가가 운전기사에게 쓴 돈은 돌아오지 않습니다('화폐로서의 화폐'와 '자본으로서의 화폐'의 차이지요.『성부와 성자』, 53쪽). 자본가는 노동자에게 투자한 게 아니고 그저 소득을 지출했을 뿐입니다. 자본가의 집에서 일한 정원사나 가사도우미의 노동도 마찬가지로 볼 수 있지요.

∘ '생산적 노동'에 대한 스미스의 두 가지 규정

어떤 노동이 생산적 노동인가는 노동 자체에 달려 있지 않습니다. 그러니 겉모습만 봐서는 알 수가 없지요. 운수업체에 고용된 노동자든 한 개인에게 운전기사로 고용된 노동자든 노동의 내용은 같습니다. 그러나 전자의 운전은 자본가(곧 운수업체 사장인 자본가)에게 잉여가치를 제공한다는 점에서 생산적 노동인 반면 후자의 운전은 자본가의 소득이 지출되는 비생산적 노동입니다. 전자는 자본가의 부를 늘리지만(자본의 증식) 후자는 자본가의 부를 축냅니다(소득의 지출).

'생산적 노동' 개념은 고전경제학자들의 주요 관심사였습니다. 마르크스는 이에 대해 "학설사를 다루는 이 책의 제4권에서 좀 더 자세히" 다룰 것이라고 예고하는데요.[김, 689; 강, 701] 그가 "이 책의 제4권"이라고 말한 것은 『잉여가치 학설사』를 가리킵니다. 본래 마르크스가 『자본』을 전체 4권으로 기획했음을 알 수 있지요. 그는 1861~1863년 『자본』을 위한 방대한 초고를 작성했는데 이 중 절반의 분량을 차지한 것이 1862년과 1863년 사이에 작성한, 잉여가치 학설사를 정리한 원고입니다. 제4권을 위해 작성한 원고의 양이 앞의 세 권만큼이나 많았던 것이지요.

물론 이 초고는 상당히 거친 형태로 남아 있었습니다. 마르크스는 1865년 엥겔스에게 보낸 편지에 이렇게 썼습니다. "이론적인 부분(앞의 세 권)을 완성하려면 세 개의 장을 더 써야 한다네. 그러고 나면 제4권, 즉 역사적 문헌을 다루는 책을 써야 하는데, 이건 상대적으로 쉬운 부(部)라고 할 수 있지. 왜냐하면 모든 물음들은 앞의 세 권에서 해결되었고 이 마지막 권은 단지 역사적 형태로 반복하는 거니까."[4] 이 편지는 제4권이 완성된 게 아니라 다시 "써야" 하는 것으로 남아 있음을 보여줍니다. 그리고 앞의 세 권에서 이론은 모두 완성되었으며 제4권의 내용은 단지 역사 문헌들을 통해 이 이론을 확인하는 정도라는 것도 보여주고요.

마르크스는 『잉여가치 학설사』 제4장에서 '생산적 노동'에 관한 여러 학설들을 다룹니다. 이 중에서도 애덤 스미스(A. Smith)의 주장을 집중적으로 검토합니다. 스미스는 『국부론』 제2편 제3장에서 '생산적 노동' 개념을 다루는데요. 그는 이렇게 말합니다. "노동에는 그것이 가해지는 대상의 가치를 증가시키는 노동이 있고 그런 효과를 갖지 않는 노동이 있다. 전자는 가치를 생산하므로 생산적 노동이라고 하고, 후자는 비생산적 노동이라고 한다."[5] 가치를 증가시키느냐 여부가 생산적 노동과 비생산적 노동을 가르는 핵심 기준인 겁니다.

그렇다면 '가치를 증가시킨다'라는 것은 무슨 뜻인가. 스미스는 매뉴팩처의 노동을 예로 들었습니다. 매뉴팩처 노동자는 노동대상인 원료의 가치에 '자신의 생활수단의 가치'와 '고용주의 이윤의 가치'를 첨가합니다. 스미스의 설명을 마르크스의 용어로 말하면, 생산적 노동이란 노동력의 가치를 재생산할 뿐 아니라 '잉여가치를 생산하는 노동'입니다.[6]

스미스는 매뉴팩처 노동자의 노동을 하인의 노동과 대비

하는데요. 매뉴팩처의 경우 고용주는 노동자에게 임금을 지급하지만, 노동자가 생산한 상품의 가치 속에 임금과 이윤에 해당하는 가치가 들어가기 때문에, "사실 고용주는 아무런 비용도 들이지 않"는 것과 같습니다.[7] 노동자에게 임금을 지급하지만 상품 판매와 더불어 모두 회수되니까요. 그러나 하인의 노동은 다릅니다. 하인의 노동에도 임금이 지급되고, 임금(노동력의 가치)을 정하는 원리도 매뉴팩처 노동자의 경우와 다르지는 않습니다.[8] 그러나 하인에게 지급된 임금은 고용주에게 회수되지 않습니다. 그 돈은 하인이 제공한 서비스와 교환되어 사라집니다. 고용주는 그 돈을 써버린 겁니다. 그래서 스미스는 말했습니다. "다수의 매뉴팩처 노동자를 고용하면 부자가 되지만 다수의 하인을 유지하면 가난해진다."[9]

하인의 노동만 비생산적 노동인 것은 아닙니다. 스미스는 "사회에서 가장 존경받는 어떤 계층의 노동"도 마찬가지라고 했습니다. 군주나 관료, 군인 등의 노동도 비생산적이라는 점에서는 하인의 노동과 다를 바 없습니다. 스미스는 여기에 성직자, 변호사, 의사, 문필가, 배우, 광대, 음악가, 무용수 등도 포함했습니다. 매뉴팩처 노동자의 노동은 이 노동을 다시 구매할 생산물을 산출하지만 군주, 관료, 군인 등의 노동은 "나중에 동일한 양의 서비스를 구매할 아무것도 생산하지 않"기 때문입니다.[10]

스미스는 한 나라의 연간 생산물을 '자본'이 되는 부분과 '소득'(수입, revenue)이 되는 부분으로 나누었는데요. 그에 따르면 전자와 교환되는 노동이 생산적 노동이고 후자와 교환되는 노동이 비생산적 노동입니다[11](자본과 교환되는 노동이란 자본의 한 형태로서의 노동, 마르크스의 용어로 말하자면 '가변자본'으로서의 노동을 가리킵니다). 이로써 생산적 노동과 비생산적 노동에 대한 상당히 깔끔한 구분이 이루어진 셈입니다. 마르크스는 이를 가리켜 "스미스의 최대 과학적 공적 중 하나"라고 평가했습니다.[12]

이렇게 정리하고 끝났으면 좋았을 텐데요. 마르크스에 따르면 스미스한테는 생산적 노동에 대한 또 다른 규정이 있었습니다. 앞서의 규정을 첫 번째 규정이라 한다면 이는 두 번째 규정이라 할 수 있겠습니다. 스미스는 생산적 노동에 대한 설명을 이어가면서 그것을 "특정한 대상이나 판매 가능한 상품 안에 고정되고 실현되는(fixes and realizes itself)" 노동이라고도 불렀습니다.[13] 생산적 노동이란 상품에 담긴 노동 즉 '상품에 실현된(realisiert) 노동'이라는 것이지요. 이 점에서도 매뉴팩처의 노동은 하인의 노동과 다르다고 했습니다.

스미스가 이것을 '두 번째' 규정이라고 생각하지는 않았을 겁니다. 한 개념에 대한 두 개의 규정은 과학이 될 수 없으니까요. 대상의 가치를 증가시키는 노동, 그는 자신이 내린 생산적 노동에 대한 규정은 이것 하나라고 생각했을 겁니다. 다만 이 규정을 설명하면서 두 가지 이야기를 한 것이지요. 처음에는 노동자가 노동대상에 노동력의 가치와 잉여가치를 더한다는 의미로 설명했고, 그다음에는 단순히 가치를 집어넣는 것으로, 특히 노동력의 가치를 집어넣는 것으로 설명했습니다. 언뜻 보기에는 별 차이가 없어 보입니다. 단지 생산적 노동에 대한 규정을 이렇게도 설명해보고 저렇게도 설명해본 것처럼 보이죠.

그러나 이 두 가지는 '이렇게 해도 좋고 저렇게 해도 좋은' 동일한 것이 아닙니다. 어떤 설명을 선택하느냐에 따라 생산적 노동의 의미가 크게 달라지니까요. 한 규정에 대한 두 개의 설명이 아니라, 두 개의 설명 때문에 전혀 다른 두 개의 규정이 생겨난 것과 같습니다. 물론 잉여가치를 생산하는 노동이 상품을 생산하는 노동, 상품에 실현되는 노동인 것은 맞습니다. 그리고 이 점에서 노동자의 노동과 하인의 노동이 구별되는 것도 사실입니다. 하인 노동의 결과물, 이를테면 하인이 만들어 온 요리는 상품이 아니니까요. 하지만 스미스의 두 가지 설명에는, 본질적으로 다른 두 개의 규정이라고 볼 만한 중요한 차이가 있습니다.

마르크스는 현미경을 통해서나 발견될 수 있을 정도로 작은 차이가 본질적 차이를 만들어낸다고 말한 바 있습니다 (『다시 자본을 읽자』, 82쪽). 터럭만큼의 차이가 천지를 가릅니다. 스미스한테는 두 가지 설명이 오십보백보였는지 모르겠습니다. 소소한 차이는 있지만 크게 보면 같은 말이라고 생각했겠지요. 그러나 마르크스의 눈에는 그렇지 않습니다. 스미스의 두 번째 설명에 따르면 "소비된 가치와 등가물"인 생산물을 생산한 경우 즉 노동자가 임금에 해당하는 만큼의 노동만을 더한 경우도 생산적 노동이 될 수 있습니다. 마르크스는 "여기서는 '생산적'과 '비생산적'이라는 술어들이 애초에 가졌던 것과 다른 의미로 사용"되고 있다고 지적합니다. 여기서는 "잉여가치의 생산이 더 이상 문제가 되지 않는다"라는 것이지요.[14]

노동자가 자본가에게 임금만을 보상하고 잉여가치를 제공하지 않는다면 어떻게 될까요. 이것은 노동자가 독립수공업자처럼 자신의 생산물을 자본가에게 판매한 것과 같습니다. 자본가로서는 노동자에게 원료를 선대한 뒤 가격을 치르고 물건을 납품받는 꼴이지요. "이것은 노동자가 생산하는 상품을 구매하는 경우와 완전히 동일한 거래"입니다.[15] 상품 거래이기는 하지만 자본주의적 생산이 이루어졌다고 말할 수는 없지요. 등가교환만이 있을 뿐 잉여가치는 없습니다. 노동자가 이런 노동을 수행한다면 자본주의는 불가능합니다. 따라서 두 번째 규정은 자본주의에서의 생산적 노동에 대한 올바른 규정이 될 수 없습니다.

∘ 서비스 노동은 생산적 노동이 아닌 것인가

마르크스가 너무 예민하게 따지는 것 아니냐고 생각할지도 모르겠습니다. 하지만 두 설명이 얼마나 다른지를 알아차리지 못한 스미스는 더 엉뚱한 길로 나아갑니다. 그는 생산적 노동 개념을 생산물의 내구성과 연결시킵니다. 그에 따르면 매뉴팩처 노동자가 생산한 상품은 "노동이 끝난 뒤 적어도 얼마 동안은 존속한다"라고, "말하자면 필요한 어떤 다른 경우에 사용되기 위해 저장되고 비축된 일정량의 노동"이라고 했습니다.

스미스는 왜 생산물의 내구성을 중요하게 봤을까요. 그는 이렇게 생각한 것 같습니다. 생산적 노동이 생산적인 이유는 자본가에게 다음에 사용할 노동력의 가치를 생산해주기 때문이다[마르크스식으로 말하면 생산물의 가치($C+V+m$)에는 노동력의 가치(V)가 들어 있으므로 생산물을 팔면 자본가에게는 다음에 고용할 노동력의 가치가 생깁니다], 그런데 노동(가치)을 담고 있는 생산물에 내구성이 없다면 가치를 오래 보관할 수 없다, 적어도 다음 번 노동력을 구매할 때까지는 가치를 담은 채로 버틸 수 있어야 한다, 그러므로 생산적 노동이 되려면 그저 상품을 생산한 것이 아니라 곧바로 사라지지 않는 상품, 일정 기간을 버틸 수 있는 상품을 생산해야 합니다.

이것은 스미스가 하인의 노동을 비생산적이라고 생각한 이유이기도 합니다. 하인이 제공하는 서비스(이를테면 심부름)는 "어떤 특정 대상이나 판매 가능한 상품으로 고정되거나 실현되지 않"기에, "서비스가 행해지는 순간 바로 사라지며", "가치를 남기지 않으므로 나중에 동일한 양의 서비스를 구매할 수 없"으니까요.[16] 하인의 노동만 그런 게 아닙니다. 무용수의 춤, 관료의 행정 업무, 군주의 통치도 무언가에 담아둘 수 없는 노동이라는 점, 즉 그런 물건을 생산하는 노동이 아니라는 점에서는 동일하니까요.

요컨대 스미스는 생산적 노동을 '상품을 생산하는 노동'

(상품에 실현된 노동)이라고 규정하는 데서 한발 더 나아가 '내구성을 가진 상품을 생산하는 노동'으로 보고 있습니다. 이쯤 되면 생산적 노동에 대한 첫 번째 규정이 무색해집니다. 생산적 노동 개념은 차치하고 상품의 가치와 사용가치의 구분마저 희미해집니다.

과연 내구성이 큰 가구를 만드는 노동이 상하기 쉬운 음식을 만드는 노동보다 생산적일까요. 상품의 '보관'이라는 면에서는 가구가 음식보다 용이할 수 있습니다. 하지만 '팔리지 않는 가구'는 상한 음식만큼이나 자본가에게 골칫거리입니다. 그리고 '팔린 음식'은 다음 노동력을 구매하기 전까지 자본가에게 결코 상하지 않는 가치형태(화폐)를 선사합니다.

음식보다 더 빨리 사라지는 서비스 상품도 사정은 다르지 않습니다. 이를테면 택시 노동자의 운전은 음식보다 빨리 사라집니다. 서비스가 끝나면 곧바로 소멸합니다. 그러나 택시 업체를 운영하는 자본가는 그 점 때문에 괴로워하지 않습니다. 택시 노동자가 생산한 가치는 서비스와 함께 사라지지 않으니까요. 그것은 잉여가치까지 더해 결코 썩지 않는 형태로 자본가의 계좌로 입금되지요. 자본가에게 택시 노동자의 노동은 충분히 생산적입니다. 자본가에게 중요한 것은 오래가는 상품이 아니라 잘 팔리는 상품이며, 더 엄밀히 말하자면 손쉽게 더 많은 잉여가치를 남기는 상품입니다. 그래서 자본가는 내구성이 큰 상품에 투자하는 게 아니라 이윤이 많이 나는 상품에 투자합니다.

상품의 내구성은 자본의 가치증식과 관련이 없습니다. 이것은 생산적 노동에 대한 첫 번째 규정 즉 잉여가치의 생산과는 무관한 문제입니다. 스미스의 말처럼 서비스 노동은 물건에 담기지 않은 채 곧바로 소멸합니다. 노동을 보관할 별도의 상품을 생산하지 않습니다. 해당 노동 자체가 상품이니까요. 그러나 이것은 상품의 현존 형태상의 차이일 뿐입니다. 우리가 소득을 지출해 소비할 수 있는 상품 중에는 현물 상품도 있지만 봉사 상품도 있습니다. 체온 유지를 위해 외투를 구입하듯, 신속하고 쾌적하게 장소를 이동하기 위해 택시를 탈 수도 있습니다. 뭉친 근육을 풀기 위해 마사지를 받을 수도 있고 정신적 즐거움을 위해 공연을 볼 수도 있지요. 외투가 제공하는 보온 효과가 그것을 구매하게 만드는 사용가치이듯 다양한 서비스 노동은 특정한 노동, 특정한 봉사를 사용가치로 제공하는 상품입니다.

소비자들이 구매하는 이 서비스 노동은 자본과 교환되는 상품인 노동력과 다릅니다. 마르크스가 높이 평가한 스미스의 첫 번째 규정에 따르면 전자는 '소득'과 교환되는 노동이고 후자는 '자본'과 교환되는 노동인데요. 전자의 사용가치는 해당 노동의 구체적 내용, 마르크스의 표현을 쓰자면 '노동의 소재적 규정(stofflichen Bestimmung)'입니다.[17] 반면 후자의 사용가치는 '가치의 증식', 더 엄밀히 하자면 '잉여가치의 생산'입니다.

다시 택시를 예로 들자면 내가 택시 노동자에게 돈을 지불하는 것은 특정한 서비스를 누리기 위해서입니다. 즉 편안하고 신속하게 목적지까지 이동하기 위해서죠. 그러나 자본가가 택시 노동자의 노동에 돈(임금)을 지불하고 운전을 시키는 것은 편안하고 신속한 이동을 위해서가 아니라 돈을 벌기 위함입니다. 자본가에게 이 노동이 생산적인가 여부는 노동자가 자신이 지불한 돈 이상을 생산하는지, 다시 말해 잉여가치를 생산하는지에 달렸습니다. 내가 택시 노동자에게 지불한 돈은 내게로 돌아오지 않지만, 택시 업체를 운영하는 자본가가 택시 노동자에게 지불한 돈은 그에게 돌아옵니다. 이윤까지 더해서 말이지요.

이 차이는 노동의 구체적 내용이나 산물의 성격에 달려 있지 않습니다. 노동에 대한 교환이 어떻게 이루어지느냐, 어떤 배치에서 이루어지느냐에 달린 것이지요. 앞서 썼던 용어로 말하면 소득과 교환되는가, 자본과 교환되는가에 따라 다릅니다.

음악가 브람스는 철학자 비트겐슈타인 집안의 후원을 받았습니다(비트겐슈타인의 조부 때의 일이지요). 그는 이 집안에서 아이들(비트겐슈타인의 고모들)에게 피아노를 가르쳤고 저녁 모임에도 정기적으로 참석했습니다. 그의 유명한 클라리넷 오중주가 이 집 저녁 모임에서 초연되었다고 합니다.[18] 그럼 그의 피아노 과외와 연주는 생산적 노동이었을까요. 일정액의 돈을 지급받고 대단한 정신적 즐거움을 제공했다 하더라도 그의 연주는 생산적 노동이 아닙니다. 그의 연주는 비트겐슈타인 가족에게 이윤은 고사하고 다음번에 그를 다시 부를 수 있는 만큼의 비용도 재생산해주지 않습니다. 그러나 브람스 같은 연주자가 특정한 회사 소속 노동자가 되고 해당 연주가 이 회사의 판매 상품이 되면 사정이 달라집니다. 연주자의 공연은 자본가에게 다음 공연을 위한 비용을 재생산해주는 것은 물론이고 이윤까지 제공하지요. 해당 자본가에게 매우 생산적인 노동인 겁니다.

그래서 마르크스는 이렇게 말합니다. "동일한 노동도 내가 그것을 자본가로서, 생산자로서 적용하여 가치를 증식시킨다면 생산적일 수 있으며, 내가 그것을 소비자 즉 소득의 지출자로서 구입하고, 이 노동의 사용가치가 노동력의 기능 정지와 함께 소멸하든 그것이 어떤 물건에 물질화되고 고정되든 간에 그 사용가치를 소비한다면 비생산적일 수 있다."[19]

생산자와 소비자라는 표현 때문에 오해할 수 있는데요. 지금 마르크스가 말한 것은 노동을 누구의 시각에서 보느냐(소비자인가, 생산자인가)에 따라 달라진다는 식의 이야기가 아닙니다. 여기서 '생산자로서', '소비자로서' 등의 표현보다 중요한 것은 '가치를 증식시킨다면', '사용가치를 소비한다면' 등의 표현입니다. 동일한 노동일지라도 용도와 기능에 따라 생산적 노동일 수도 있고 아닐 수도 있습니다. 그 사용가치를 소비하기 위해 구입된 노동이 아니라, 가치증식을 위해 구입된 노동 즉 잉여가치 생산에 기여한 노동만이 '생산적 노동'입니다. 그리고 이것은 해당 노동이 생산한 상품이 내구성을 가진 현물인지, 곧바로 사라지는 서비스인지와는 아무런 상관이 없습니다.

◦미덕의 불운

지금까지 『잉여가치 학설사』의 내용을 중심으로 자본주의에서의 '생산적 노동' 개념에 대해 살펴보았는데요. 다시 『자본』 본문으로 돌아가겠습니다. 마르크스는 '생산적 노동' 개념을 명확히 하기 위해 "물질적 생산 이외의 영역"을 예로 듭니다. [김, 688; 강, 700] 스미스의 견해를 비판적으로 검토한 후이기 때문에 우리는 마르크스가 왜 이 영역을 예로 드는지 알 수 있습니다. 생산적 노동과 생산물의 물질성은 무관하다는 것을 보여주기 위해서죠.

마르크스는 교육을 예로 들었습니다. "교사는 아이들의 두뇌를 가공할(bearbeitet) 뿐 아니라 기업가를 부유하게 하는 데도 매진해야만(abarbeitet) 생산적 노동자가 된다. 이 기업가가 자신의 자본을 소시지 공장 대신 교육 공장(Lehrfabrik)에 투자한다고 해서 이 관계가 조금이라도 변하는 것은 아니다." [김, 688; 김, 700]

'교육 공장'이라는 말이 좀 살벌하게 들릴 수 있겠습니다만, 실제로 우리 주변에는 교육 서비스를 판매하는 온갖 형태의 기업들이 있습니다. 그리고 이 업종에는 강사나 학습지 교사 등의 노동자가 종사하고 있습니다. 학교의 경우는 어떨까요. 현행 법률과 제도상으로 공립학교는 물론 사립학교도 비영리법인이므로 기업이라고 부르기는 어렵습니다(물론 실질적으로는 학교를 설립자 집안의 수익모델로 활용하는 경우가 많지만요). 그런데 스웨덴에서는 1990년대 중반부터 사립학교를 일종의 기업으로 설립하고 운영할 수 있게 해주었습니다(교육의 국가 독점을 깨뜨린다는 명목이었지만 신자유주의 민영화의 바람이 상당한 영향을 미쳤다고 합니다). 학교가 이윤을 추구하고 투자자에게 배당까지 하는 기업이 된 것이지요.[20]

'교육 공장'을 예로 드니 자본주의에서 생산적 노동 개념의 의미가 더욱 선명해집니다. 생산적 노동자가 된다는 것은 그의 일이 고상한 일인지 힘든 일인지, 지적인 일인지 육체적인 일인지와 상관이 없습니다. 노동자의 생산물이 머리로 소화시키는 것인지 위장으로 소화시키는 것인지와도 무관하고요. 유능한 자본가가 된다는 것이 교육 사업가가 되는가, 소시지 사업가가 되는가와 무관한 것처럼 말입니다.

자본주의에서 유능한 교사, 생산적인 교사가 된다는 것은 무슨 뜻인가. 그가 교육 공장에서 일하는 노동자라면 아이들의 능력을 개발하고 그것을 발휘하도록 돕는 것으로는 부족합니다. 그는 교육 공장을 운영하는 자본가를 부자로 만들어주어야 합니다. 자본주의에서 생산적 노동자란 튼튼하고 아름다운 물건을 만드는 사람이 아니라 돈을 많이 벌게 해주는 사람입니다. 가구 공장이든 소시지 공장이든 교육 공장이든 다를 게 없습니다. 생산적인 교육 노동자임을 증명하는 것은 노동대상에서 일어난 일 즉 아이들의 성장이 아니라, 자신의 노동 즉 교육을 통해 얼마를 벌어들였느냐에 달려 있습니다.

　마르크스는 생산적 노동자의 개념이 "활동과 유용성, 노동자와 노동생산물 간의 관계만 포함하는 게 아니"라고 말합니다. 여기에는 "역사적으로 성립한 특정한 사회적 생산관계" 또한 고려되어야 한다는 것이지요. 이 독특한 생산관계에서는, 마치 농장주가 소의 귀에 인식표를 달아두듯이 노동자에게 "자본의 직접적 가치증식 수단이라는 인장을 찍어(stempelt)" 둡니다.[김, 688; 강, 700~701] 그러니 얼마나 유용한 일을 했느냐, 사물과 어떤 신진대사를 주고받았느냐보다 주인에게 얼마나 큰 이익을 제공했느냐가 중요하지요. 거듭 말하지만 '생산적 노동' 개념은 "노동의 내용이나 노동의 산물이 아니라 노동의 일정한 사회적 형태에서 나오는 노동에 대한 규정"입니다.[21]

　그래서 자본주의에서 노동자는 다음과 같은 비극적 아이러니와 마주하게 됩니다. "생산적 노동자가 된다는 것은 결코 행운이 아니며 오히려 지독한 불운이다."[김, 688; 김, 701] 그의 불운은 그가 가진 미덕의 결과입니다. 생산적이고 유능한 존재가 된다는 것은 훌륭한 일이지만 자본주의라는 조건에서는 더 쉽게 더 많이 착취된다는 뜻이니까요. 알을 많이 낳는 암탉이 양계장이라는 조건을 고려하면 결코 축복이 아닌 것처럼 말이지요.

　덧붙이자면 사실 작가도 예외가 아닙니다. 지금 이 책을 출판하는 회사의 사장은 어떤 생각을 하는지 모르겠습니다만, 마르크스는 생산적 작가에 대해서도 마찬가지 말을 해두었지요. "작가가 생산적 노동자인 것은 그가 사상을 생산하기 때문이 아니라 그의 작품을 출판하는 출판업자를 부유하게 하기 때문이다. 즉 그는 어떤 자본가의 임금노동자인 한에서 생산적이다."[22] 서글픈 일이지요. 훌륭한 사상을 생산한 작가가 아니라 더 많은 돈을 벌게 해주는 작가가 생산적인 작가라니. 그러고 보면 지금 이 책을 쓰고 있는 작가 역시 생산적 작가는 아닙니다.

　내 생각에 여기서 마르크스는 생산적 노동에 대한 정확한 규정을 강조하려는 게 아닙니다. 시대마다 생산적 노동에 대한 규정은 달라집니다. 마르크스가 정작 보이고 싶어하는 것은 '자본주의에서 생산적 노동에 대한 규정이 얼마나 이상한가'입니다. 아이들의 능력을 키우는 교육자가 아니라 돈을 많이 벌어다 주는 교육자가 생산적 교육자이고, 좋은 생각을 펼치는 작가가 아니라 많이 팔리는 책을 쓰는 작가가 생산적 작가라니, 이 얼마나 해괴망측한 세상입니까. 우리는 도대체 얼마나 이상한 눈으로 사람들의 활동을 바라보고 있는 걸까요. 마르크스의 말마따나 우리는 지상에서 이루어진 것 중 정말로 예외적이고 독특한 사회형태를 살아가고 있음에 틀림없습니다.[김, 700; 강, 711]

2

자본가의 지배와
자연의 침묵

마르크스는 사고야자나무가 자라는
어느 섬 이야기를 들려줍니다.
섬의 주민들은 나무토막 안쪽을 긁어
가루를 모은 뒤 물에 걸러 전분을 얻습니다.
노동과정이 아주 간단해 12시간만 투자하면
일주일치 식량을 구할 수 있습니다.
19세기 영국 노동일을 기준으로 하면
필요노동시간이 1주일에 하루인 겁니다.
자연이 그야말로 주민들에게 큰 선물을 준 것입니다.
그 덕분에 주민들은 오래 일할 필요가 없었습니다.
그런데 만약 이 사고야자나무 숲을
누군가, 이를테면 어떤 귀족이나 자본가가
사적으로 소유한다면 어떻게 될까요.
과연 자연이 선물한 것은
생산자의 여가일까요, 소유자의 잉여가치일까요.

프란시스코 고야, 〈희생자를 토막 내는 식인종〉, 1808~1814.

이 세상에 잉여가치가 존재할 수 있는 것, 다시 말해 자본이 존재할 수 있다는 것은
이 세상에 식인종이 존재할 수 있다는 것과 다르지 않다.

자연은 자본의 존재를 금지하지 않았다. 식인종을 금지하지 않은 것처럼.

바꾸어 말하면, 자본은 세상에 식인종처럼 존재하고 있다.

"최근의 계산에 따르면 지구상에는 이미 탐사가 끝난 지역에서만
적어도 400만 명의 식인종이 살고 있다."

지금까지 우리는 자본주의에서 '생산적 노동' 개념이 얼마나 독특한지를 살펴보았습니다. 자본주의에서 생산적 노동이란 곧 잉여가치를 생산하는 노동이라고 했는데요. 사실 잉여가치를 생산한다는 것 자체가 독특한 것입니다. 자연은 많은 것들을 낳지만 잉여가치를 낳지는 않습니다. 자연은 인간에게 풍요를 선사할지언정 잉여가치를 선사하지는 않지요. 인간의 노동도 그렇습니다. 지상에 존재하는 순간부터 인간은 많은 것들을 생산했지만 잉여가치를 생산한 것은 역사적으로 얼마 되지 않았습니다. 제아무리 풍족한 땅이고 제아무리 부지런한 종족이라 할지라도 잉여가치를 생산하지는 않습니다.

◦ 자본에 포섭된 노동―"칼 없는 계약"은 없다

우리는 자본주의에서 잉여가치가 어떻게 생산되는지 알고 있습니다. 자본가는 노동일의 절대적 길이를 늘리거나(절대적 잉여가치의 생산), 노동력의 가치를 떨어뜨려 노동일 중 잉여노동의 양을 상대적으로 늘리는 식으로(상대적 잉여가치의 생산) 잉여가치를 얻습니다. 그런데 『자본』 제14장에서 마르크스는 이렇게 생산되는 잉여가치가 무엇을 의미하는지 묻습니다. 노동자가 자기 노동력의 가치 이상으로 가치를 생산해낸다는 게 무엇을 말해주는지 말입니다.

물론 이 시리즈의 지난 책들에서 우리는 잉여가치가 무엇인지, 노동력의 사용에서 그것이 어떻게 생겨날 수 있는지 보았습니다. 또한 잉여가치의 구체적 생산방식도 확인했고요. 하지만 지금 묻고자 하는 바는 이런 것들이 아닙니다. 특정한 개인이 아니라 노동자 일반에 대해, 특정 시기만이 아니라 자본주의가 지속하는 한 계속해서, 노동자가 노동력의 가치 이상으로 노동을 한다는 것이 무엇을 의미하는지를 묻는 겁니다.

노동자들이 평생 동안, 심지어 세대를 넘어서 자기 노동력의 가치 이상의 가치를 생산한다는 것, 사람이 바뀌어도 똑같은 일이 계속해서 일어난다는 것. 여기서 우리는 무언가를 읽어낼 수 있어야 합니다. 이것은 잉여가치의 원리나 생산방식이 아니라 잉여가치의 지속적 생산을 보장하는 사회구조 내지 사회체계에 대한 이야기입니다(이에 대한 본격적 탐구는 시리즈의 다음 책인 10권에서 이루어질 겁니다).

노동자 일반이 평생 동안, 심지어 세대를 넘어서 자기 노동력의 가치 이상의 가치를 생산한다는 것은 무엇을 말해줄까요. 또 이와 관련해 절대적 잉여가치와 상대적 잉여가치의 생산은 어떤 관계를 맺고 있을까요. 여기서 마르크스는 '포섭' (Subsumtion)이라는 아주 흥미로운 단어를 썼습니다. 그는 노동자의 노동이 가치증식의 요소로 계속해서 기능하는 것을 "자본 아래로 노동이 포섭된 것"이라고 표현하고 있습니다. [김, 689; 강, 701]

'포섭'이란 어떤 것을 하위 요소로 통합하는 것입니다. 노동이 자본에 포섭되었다는 것은 노동이 자율성을 잃고 자본의 하위 요소가 되었음을 의미합니다. 노동이 더는 자본과 동등하게 설 수 있는 대등한 범주가 아니라는 거죠. 노동은 자본의 범주 아래 귀속됩니다. 노동은 자본의 한 형태로서 가변자본이 됩니다. 자본 중에서 가치가 변하는 부분을 가리키는 말이 된 것이지요.

노동자가 노동력의 가치 이상을 계속해서 생산하는 것은 그의 노동이 자본에 포섭되었기 때문입니다. 그런데 '포섭'은 자의적 지배나 불법적 약탈과는 다릅니다. 방금 말한 것처럼 포섭은 더 큰 범주에 하위 요소로서 귀속되는 것입니다. 일종의 '종속'(Unterordnung)이라고 할 수 있지요. 동일한 범주에 속하는 한에서 하위 요소들은 모두 동일한 정체성(동일한 영혼)을 가지며 동등한 권리를 누립니다. 이를테면 화폐나 상품은 모두 동등하게 교환됩니다. 상품교환을 관장하는 법 앞에서 모든 상품들(그리고 모든 상품소유자들)은 평등합니다. 노동력을 소유한 노동자도 이 점에서는 화폐를 소유한 자본가와 대등합니다. 그런데 노동자는 계속해서 자기 노동력 이상의 가치를 생산합니다. 지속적 착취와 예속이 이루어지는 것이지요. 교환과 달리 생산에서는 어떤 비대칭성, 그것도 아주 구조적인 비대칭성이 존재합니다. '포섭'은 이 기묘한 현상을 설명할 때 매우 적절한 개념이라고 할 수 있습니다.

나는 시리즈 2권에서 '가치형태'를 '주권형태'로도 볼 수 있다고 했습니다. 그리고 노동자는 자본의 주권을 승인함으로써만 상품(노동력)의 자유로운 판매자가 될 수 있다고 했습니다(『마르크스의 특별한 눈』, 121~123쪽). 노동이 자본에 포섭되었다는 것은 자본의 주권을 승인한다는 것과 같습니다. 승인이라고 하니 자유로운 행위처럼 느껴지는데요. 좀 더 진실에 가깝게 말하자면 자본이 주권자인 사회에서 상품으로 살아가야만 한다는 겁니다. 자본이 주권자인 사회, 자본이 주재하는 사회에서 노동자는 노동력의 판매자로서만 유의미하게 실존할 수 있습니다. 그 외에는 살길이 없습니다. 물론 일단 상품화에 성공하면 노동력은 다른 상품과 등가교환의 자격을 얻습니다. 주권자인 자본에 종속되는 한에서 자유로운 거래와 동등한 교환이 보장되는 것이지요. 자본의 주권 아래서 상품의 등가교환을 보장하는 법이 작동한다고 하겠습니다.

근대 사회계약론자들이 말하는 주권 형성 과정과 같지요. 사회계약론자들의 텍스트를 읽어보면 시민들 사이의 자유롭고 동등한 계약은 비대칭적이고 일방적인 권력인 주권의 존재 아래서 이루어집니다.[23] 홉스는 "칼 없는 계약이란 말에 지나지 않"는다고 했는데요.[24] 바꾸어 말하면 계약 이전에 '칼'(계약을 보증하는 힘)이 있는 것이지요. 그래서 사회계약은 이중적입니다. 하나는 구성원과 주권자 사이에서 이루어지는 것이고 다른 하나는 구성원들 사이에서 이루어지는 겁니다. 이 중 전자가 주권 영역입니다. 엄밀히 말하면 첫 번째 계약은 계약이라기보다는 서약 내지 맹세입니다. 주권자에게 소속과 복종, 충성을 맹세하는 겁니다. 후자는 법의 영역입니다. 동일한 주권 아래 놓인 자들이 대등한 시민으로서 계약을 맺고 교환을 하는 겁니다. 물론 후자가 가능하려면 전자가 전제되어야 합니다.

왜 노동자는 자기 노동력 이상의 가치를 생산하게 되는
가. 노동력이 그런 걸 가능케 하는 상품이라고 해서 노동력을
꼭 그렇게 써야 하는 것은 아닙니다. 하루 6시간의 가치를 지
불받으면 12시간까지 일할 수 있다고 해도(즉 12시간 동안 노
동력을 사용할 수 있는 사용권의 가치가 6시간에 해당한다고 해도),
노동자가 꼭 12시간을 일해야 하는 필연적 이유가 있는 것은
아닙니다. 그럼 왜 노동자는 그렇게 일하게 되는 걸까요. 그
것은 자본이 주권자인 사회에서 노동력의 상품화가 일어나기
때문입니다. 노동력이 상품화되는 것은 그것의 사용가치 때
문인데요. 자본주의에서 노동력의 사용가치는 가치의 증식입
니다. 잉여가치를 낳을 수 있다는 사실 때문에 상품이 된 것이
므로, 이 상품의 사용에서 잉여가치가 생겨나는 것은 당연합
니다. 주권자인 자본이 노동에 대해 일종의 시민권인 상품성
을 인정한 이유, 자신의 하위 구성요소로 끌어들인 이유가 이
것입니다. 만약 자본의 주권 아래 있지 않다면, 그래서 자본과
대등하게 서 있을 수 있다면 노동자가 자기 노동력 이상의 가
치를 자본에 제공해야 할 이유는 없습니다.

표면상으로는 모든 게 자유롭고 평등합니다. 상품으로
서 노동력은 다른 어떤 상품과도 자유롭고 평등하게 교환됩
니다. 그러나 노동력의 상품화에는 부자유와 비대칭의 권력
관계가 존재합니다. 상품으로서 노동력의 교환이 법의 영역
이라면 노동력의 상품화는 주권의 영역이지요. 마치 군주에

게 삶을 허락받은 신민이 영원한 채무자가 되어 공물을 바치는 것처럼, 노동자는 자신의 노동력을 구매해준 자본가에게 영원한 채무자가 되어 잉여가치를 바칩니다(실제로는 신민 덕분에 군주가 살고, 노동자 덕분에 자본가가 살지만 눈에는 이렇게 뒤집혀 나타나지요).

물론 이런 주권관계는 혁명이나 내란과 같은 아주 예외적인 사태가 아니고서는 좀처럼 드러나지 않습니다. 우리 눈에 보이는 것은 자유롭고 평등한 교환이지요. 포섭은 억압과 구속이 곧바로 드러나지 않는 형태의 예속입니다. 사슬이 눈에 보이지 않습니다. 이 점에서 노예의 예속과 다르지요. 마르크스는 말합니다. "로마의 노예는 쇠사슬로 자기 소유주에게 묶여 있었으나 임금노동자는 눈에 보이지 않는 끈에 의해 그 소유주에게 묶여 있다. 임금노동자의 외견상의 자립성은 그들의 고용주가 끊임없이 교체되는 방식을 통해서, 그리고 계약이라는 법적 허구(ficto juris)에 의하여 유지되고 있다."[김, 782; 강, 786~787]

○ 절대적 잉여가치도 '상대적'이고,
상대적 잉여가치도 '절대적'이다

노동자는 자본가의 개인 소유물이 되지는 않습니다. 다만 자본가에게 이익을 제공하는 사회적 편제, 자본가에게 '최선'이 되도록 세팅된 편제(『생명을 짜 넣는 노동』, 102~103쪽) 속으로 들어가는 것이지요. 이것이 포섭입니다. 자본주의 생산양식은 형식적으로라도 노동의 포섭이 이루어져야만 가능합니다. 노동자들이 노동력의 판매를 통해서만 살아갈 수 있어야 하며, 노동과정은 자본가의 통제 아래서 진행되어야 합니다.

마르크스는 노동의 포섭을 절대적 잉여가치의 생산과 상대적 잉여가치의 생산에 맞추어 구분하는데요. 그에 따르면 절대적 잉여가치의 생산은 '노동의 형식적 포섭'(formellen Subsumtion)으로 충분합니다. 그러다가 상대적 잉여가치의 생산이 이루어지면 '노동의 실질적 포섭'(reelle Subsumtion)이 나타납니다.[김, 689~690; 강, 701~702] 절대적 잉여가치의 생산과 노동의 형식적 포섭이 상응하고, 상대적 잉여가치의 생산과 노동의 실질적 포섭이 상응하는 거죠. 자본주의 역사를 보면 대체로 절대적 잉여가치의 생산이 바탕이 되는 가운데 상대적 잉여가치의 생산이 나타났다고 할 수 있으니, 노동에 대한 포섭도 형식적인 것에서 실질적인 것으로 변화해왔다고 말할 수 있겠습니다.

상대적 잉여가치의 생산과 관련해 노동과정에서 일어난 변화를 보면 노동에 대한 실질적 포섭이 어떤 것인지 짐작할 수 있습니다. 노동생산력을 높이기 위해 자본가들은 노동의 기술적 과정과 사회적 편성을 크게 바꾸었는데요. 우리는 시리즈 7권과 8권을 통해 이것이 자본에 대한 노동자들의 예속을 어떻게 심화했는지 살펴본 바 있습니다.

먼저 매뉴팩처에서 노동자들은 독립성을 잃고 부분노동자로 존재합니다. 전체노동자의 한 기관이 될 뿐이지요. 그는 해당 자본가가 설정한 배치 속에서만 능력을 발휘합니다. 그래서 이 작업장을 떠나서는 아무런 능력도 발휘할 수 없는 존재가 되지요. 이러한 예속은 단지 자본가에게 노동력을 판매해야만 살 수 있다는 사실에서 기인하는 형식적 차원의 예속과는 다른 차원의 예속입니다. 그래서 마르크스는 분업이 매뉴팩처 노동자에게 "자본의 소유물임을 표시하는 낙인을" 찍는다고 했습니다(『거인으로 일하고 난쟁이로 지불받다』, 171쪽).

기계제 대공업에 들어서면 예속은 더욱 심화됩니다. 마르크스는 기계제 대공업의 노동자를 '부분기계'라고 불렀습니다. 매뉴팩처 때만 하더라도 숙련노동자들은 미력하나마 노동과정에 대한 어느 정도의 통제력을 가질 수 있었습니다. 작업을 분할하고 배치하는 기술적 토대가 아직은 인간에게 있었기 때문입니다. 하지만 기계제에서는 노동과정이 인간의 한계에 구애받지 않습니다. 생산의 주체는 기계 시스템이고 노동자는 부분기계(의식을 가진 부품)로서 그 일부가 될 뿐입니다. 마르크스는 기계제 대공장에서 "자본가에 대한 노동자의 절망적 종속이 완성된다"라고 썼지요(『자본의 꿈 기계의 꿈』, 102쪽).

자본가에 대한 노동자의 절망적 종속. 우리는 이것을 자본에 대한 노동의 실질적 포섭이라고 말할 수 있습니다. 자본이 노동력 사용에 대한 전적인 지배력을 행사하는 것이지요. 마르크스는 자본주의 이전의 몇몇 과도적 생산형태들에 대해 "생산자의 형식적 종속도 나타나지 않았으며", "노동과정을 아직 직접적으로 장악하지 못했다"라고 했는데요.[김, 689; 강, 701] 상대적 잉여가치의 생산, 특히 기계제 대공업 시대로 들어서면서 노동에 대한 실질적 '종속'(Unterordnung)과 '장악'(Bemächtigung)이 이루어진다고 할 수 있습니다.

그런데 '형식적'이라는 말 때문에 '형식적 포섭'의 중요성을 간과할 우려가 있습니다. 실질적 포섭만이 진정한 포섭이라고 생각하는 것이지요. 그리고 각각의 포섭에 상응하는 절대적 잉여가치와 상대적 잉여가치의 중요성에 대해서도 마찬가지로 생각할 우려가 있고요. 하지만 형식적 포섭과 절대적 잉여가치는 결코 실질적 포섭과 상대적 잉여가치에 비해 부차적인 것이 아닙니다. 오히려 전자는 후자에 비해 일차적이고 근본적인 것이라는 점에서 더 중요할 수도 있습니다.

마르크스는 절대적 잉여가치는 형식적 포섭만으로도 생산될 수 있다고 했는데요. 길드의 직인이었던 사람이 자본가의 노동자가 되는 것만으로도 충분하다는 것이지요. 우리가 잘 아는 것처럼 절대적 잉여가치는 노동일 연장을 통해 생산됩니다. 노동력의 가치 이상으로 노동일을 늘리는 것이지요. 노동자에게 필요노동 이상의 노동을 강제하는 겁니다. 어떻게 이런 일이 가능할까. 앞서 말한 것처럼 이 일이 가능하다는 것이 바로 이 사회가 자본이 주권자인 사회 즉 자본주의라는 걸 의미합니다.

이전 책에서 나는 절대적 잉여가치의 절대성을 노동시간의 절대적 증대에서 찾았습니다. 상대적 잉여가치가 노동자의 하루 노동시간을 그대로 두는 한에서 필요노동과 잉여노동의 비율을 바꾸는 것인 반면, 절대적 잉여가치는 노동자의 노동시간을 절대적으로 증대시킴으로서 생산된다고 말이지요(『거인으로 일하고 난쟁이로 지불받다』, 25쪽). 그러나 형식적 포섭과 관련지어 이해할 때 절대적 잉여가치의 절대성은 또 다른 의미를 갖습니다. 그것은 바로 자본가계급이 노동자계급에 대해 갖는 힘의 절대적 우위를 나타냅니다. 한마디로 자본 주권을 나타내는 말이지요. 그래서 마르크스는 절대적 잉여가치에 대해 이렇게 말하고 있습니다. "그것은 자본주의 체계의 일반적 토대를 이루며 상대적 잉여가치 생산의 출발점이 된다."[김, 689; 강, 701] 상대적 잉여가치는 절대적 잉여가치를 기반으로 해서, 더 엄밀히 말하면 절대적 잉여가치를 가능케 한 권력관계를 기반으로 해서 생산되는 겁니다.

참고로 말하면 이런 종류의 절대성을 우리는 『자본』III권에 나오는 지대에 관한 이야기에서도 확인할 수 있습니다(『자본』III권 제6편 참고). 지대에는 '절대지대'와 '차액지대'라는 게 있는데요. 토지마다 비옥도나 지리적 위치 등으로 인해 우열이 나뉠 텐데요. 우등한 조건의 토지에 대해서는 지대를 지불해야 합니다. 생산성이 높아지면 생산가격을 낮출 수 있고 그만큼 초과이윤을 얻을 수 있을 테니까요. 그만큼을 지대로 내야 하지요. 이것을 '차액지대'라고 합니다. 그런데 아무리 열악한 토지라고 해도 지주가 공짜로 제공하지는 않습니다. 가장 열등한 토지에 대해서도 지대를 지불해야 하지요. 토지에 대한 소유제가 철폐되지 않는 한 그렇습니다. 이것이 '절대지대'입니다. 절대지대의 절대성은 무엇을 의미하는가. 토지소유제(토지재산권)가 존재한다는 뜻입니다.[25] 그리고 '차액지대'는 이 소유제에 입각해서 성립한 것입니다. 즉 '절대지대'가 기반이고 토대입니다. 이것이 절대지대의 '절대성'이라 할 수 있습니다.

다시 절대적 잉여가치와 상대적 잉여가치의 관계에 대해 생각해보겠습니다. 상대적 잉여가치를 가능케 한 노동의 기술적 과정과 사회적 편성의 혁신은 모두 절대적 잉여가치를 가능케 한 자본가계급의 힘의 우위(노동에 대한 형식적 포섭) 상황에서 이루어진 것입니다. 그리고 상대적 잉여가치를 생산하는 방법이라고 불렀던 것들, 특히 기계제 대공업의 출현도 처음에는 노동일의 무제한적 연장을 초래했습니다. 상대적 잉여가치의 생산은 절대적 잉여가치를 생산하는 조건이 사회 전반을 지배하게 되었을 때, 다시 말해 자본주의적 생산양식이 생산의 지배적 형태가 되었을 때 가능하게 됩니다.[김, 690; 강, 702]

따라서 지난 7권에서도 내가 말했듯이, 절대적 잉여가치의 생산과 상대적 잉여가치의 생산을 시기적으로 나누어서 상대적 잉여가치가 나타나면 절대적 잉여가치는 사라지는 것처럼 생각해선 안 됩니다(『거인으로 일하고 난쟁이로 지불받다』, 183쪽). 절대적 잉여가치는 자본주의가 존속하는 한 영원히 존재할 겁니다. 그것은 상대적 잉여가치의 기반이니까요.

어떤 점에서 보면 절대적 잉여가치와 상대적 잉여가치의 구분이 의미가 없어 보이기도 합니다. 상대적 잉여가치도 노동자가 필요노동 이상의 잉여노동을 수행함으로써 생산되는 것이라는 점에서는 절대적 잉여가치라고 할 수 있으니까요. 다른 한편으로는 절대적 잉여가치도 상대적 잉여가치로 볼 수 있습니다. 절대적 잉여가치가 생산되려면 노동력의 가치 즉 필요노동이 노동일의 일부만 차지할 정도로는 노동생산성이 발전해야 하니까요.[김, 690~691; 강, 702~703]

그러나 일단 자본주의 생산양식이 지배적 생산양식으로 확고하게 자리 잡으면 둘의 동일성은 사라집니다.[김, 691; 강, 703] 자본주의 생산양식이 확고하게 자리를 잡았다는 것은 노동자에게 노동력의 가치 이상을 생산하도록 강제할 수 있는 체제가 성립했다는 것인데요. 그렇다면 중요한 것은 필요노동에 비해 잉여노동을 얼마나 늘릴 수 있는지, 다시 말해 잉여가치율을 얼마나 높일 수 있는지가 되겠지요. 이 경우에 절대적 잉여가치의 생산과 상대적 잉여가치의 생산은 자본가에게 현실적으로 전혀 다른 선택지입니다.

노동생산력이나 노동강도에 변화를 줄 수 없을 때(작업방식이나 노동수단의 사회적 혁신이 일어나지 않았을 때) 잉여가치율은 노동일을 연장함으로써만 높일 수 있습니다. 자본가는 절대적 잉여가치의 생산을 추구하겠지요. 반면 노동일의 한계가 주어졌을 때(노동일에 대한 법적 제약이 가해졌을 때) 잉여가치율은 필요노동과 잉여노동의 상대적 비율을 조정함으로써만 높일 수 있습니다(임금이 노동력의 가치 밑으로 떨어지지 않는다는 전제에서요). 이는 자본가가 상대적 잉여가치의 생산을 추구해야 한다는 뜻입니다. 이처럼 조건에 따라 다른 선택지로 기능한다는 것은 절대적 잉여가치와 상대적 잉여가치가 서로 다른 것이라는 말입니다.

　◦ 자연은 사고야자나무를 누구에게 선물했는가
앞서 절대적 잉여가치도 상대적이라는 말을 하면서, 절대적 잉여가치가 생산되려면 노동생산성이 어느 정도는 되어야 한다고 했지요. 노동자가 종일 일해도 제 몸 하나 건사할 정도도 생산할 수 없다면 절대적이든 상대적이든 잉여가치는 생산될 수 없습니다. 반대로 말하면 자기 먹을 것을 자기 손으로 구하지 않는 사람들이 있다는 것은 누군가는 자기 먹을 것 이상을 생산한다는 뜻이기도 합니다. 필요노동을 넘는 잉여노동이 있다는 거죠. 잉여노동이 불가능한 사회에서는 "자본가도 없겠지만 노예 소유자나 봉건 귀족, 한마디로 말해 대규모의 어떤 소유 계급도" 존재할 수 없습니다.[김, 691; 강, 703]

　　일정한 노동생산성은 통치 계급에게 잉여생산물과 잉여노동인구를 제공합니다. 직접 생산에 종사하지 않는 이들에게 먹을 것과 부릴 사람을 선사하는 것이지요. 이 점에서 노동생산성은 통치자들의 부와 권력의 크기, 더 나아가 통치 계급 자체의 규모를 규정하는 중요한 요인입니다. 자본주의에서도 마찬가지입니다. 일정한 수준의 노동생산성이 전제되지 않으면 잉여가치 생산이 불가능하고 이는 '자본'이 불가능하다는 뜻입니다.

사실 자본을 가능케 할 정도가 되려면 노동생산성이 상당한 수준으로 올라가야 합니다. '자연발생적 생산성' 수준으로는 불가능하지요. 자연에는 인간이 먹을 만한 열매와 땔감이 주어져 있지만 열매를 따고 모닥불을 피우는 시절에 자본이 생겨나기는 어렵습니다. 거대한 에너지를 가진 태양도 젖은 몸을 말리는 데나 이용되는 한에서는 자본을 위한 생산수단이 되기 어렵습니다. 노동의 사회적 생산력이 훨씬 커져야 합니다.

물론 노동생산성은 자연 조건과 무관하지 않습니다. 아니, 아주 긴밀한 관계에 있지요. 환경이 척박한 곳에서는 하루 종일 일해도 생산물을 많이 얻을 수 없습니다. 반면 "비옥한 토지나 물고기가 풍부한 강"을 가진 곳이라면 적은 시간을 일해도 많은 생활수단을 얻을 수 있지요. 자연의 풍요는 생산성을 높이는 데 유리합니다. 기술이 발전하면 풍요의 의미도 바뀝니다. 작물이 잘 자라는 땅이 아니라 석탄이나 석유가 많이 매장된 땅이 더 풍요롭게 느껴질 수 있습니다. 대체로 "문명의 조창기에는 전자의 자연적 부가 중요하며, 좀 더 발전된 단계에서는 후자의 자연적 부가 중요한 의미를 갖"습니다.[김, 693; 강, 704~705]

그러나 '자연적 부'(natürlichen Reichtum)는 『자본』 제1장을 검토할 때부터 이미 분명히 한 것처럼, "자본주의 생산양식이 지배하는 사회에서의 부"가 아닙니다(『마르크스의 특별한 눈』, 23쪽). 이 '부'는 '가치' 내지 '자본'과는 다르지요. 오해하지 말아야 합니다. 자본의 출현을 위해서는 노동생산성이 일정 수준이 되어야 하고, 노동생산성이 자연환경 즉 자연의 부와 긴밀히 연관되어 있는 것은 사실입니다. 그러나 노동생산성이 높아졌다는 것은 먹고사는 데 필요한 일이 그만큼 줄어들었다는 의미일 뿐입니다. "생산자의 생계와 재생산에 필요한 노동시간이 그만큼 적어"진다는 것이지요.[김, 693; 강, 705]

높은 생산성과 자연의 부는 필요노동을 줄여줍니다. 그러나 이것이 잉여노동이 늘어나야 할 이유는 아닙니다. 필요노동이 일정 수준으로 줄어들어야 잉여노동이 가능하고, 필요노동이 많이 줄어들면 그만큼 잉여노동을 늘릴 여지가 생기겠지요. 하지만 그건 그럴 수 있다는 이야기이지 꼭 그래야 한다는 건 아닙니다. 마르크스의 말처럼, "천혜의 자연조건이란 언제나 잉여노동[따라서 잉여가치나 잉여생산물]의 가능성을 부여할 뿐이지 결코 현실성을 부여하는 것은 아니"지요.[김, 695; 강, 707]

자연조건이 좋아 하루 2시간만 일해도 그날 생활에 필요한 물자를 모두 구할 수 있다고 해봅시다. 참고로 이 시간은 노동생산성으로만 결정되는 건 아닙니다. 자연조건이 달라지면 사람들의 필요 내지 욕구도 달라지니까요. 이를테면 추운 곳에 살면 두터운 의복이 필요하겠지요.[김, 696, 각주 8; 강,

707, 각주 7] 노동생산성이 같다면 추운 곳은 따뜻한 곳보다 필요노동시간이 더 길 수 있습니다.

어떻든 이 모든 것을 고려했을 때 어떤 사회의 필요노동시간이 2시간이라고 해봅시다. 이런 사실은 무엇을 의미할까요. 자본가라면 이렇게 말할지도 모르겠습니다. 그것은 하루에 10시간이나 되는 잉여노동을 뽑아낼 수 있다는 의미라고 (1노동일이 12시간인 경우). 자연이 필요노동을 줄여줌으로써 잉여노동을 키워주었다고. 그러나 자연은 자본가가 말한 이 10시간에 대해서는 입도 뻥긋하지 않았습니다. 자연이 말해주는 것은 하루 2시간만 일하면 먹고살 수 있다, 여기까지입니다. 자연은 필요노동이 끝나는 점만을 지시해줍니다.

필요노동이 끝나는 점부터 잉여노동이 시작되므로, 자연은 잉여노동의 시작점을 말해준다고도 할 수 있습니다. 그러나 엄밀히 하자면 2시간 이후에 시작되는 게 잉여노동인지 여가인지에 대해서도 자연은 말하지 않습니다. 2시간만 일하면 먹고살 수 있다는 것은 2시간 이후부터는 일하지 않아도 된다는 뜻이기도 하니까요.

마르크스는 사고(Sago)야자나무가 자라는 동아시아의 어느 섬 이야기를 하는데요.[김, 696; 강, 708] 이 섬의 주민들은 나무토막 안쪽을 긁어 가루를 모은 뒤 물에 걸러서 전분을 얻습니다. 노동과정이 아주 간단해 12시간만 투자하면 일주일치 식량을 구할 수 있습니다. 19세기 영국 노동일을 기준으로 하면 필요노동시간이 1주일에 하루인 겁니다. 하루만 12시간

일하고 6일을 쉬어도 먹고살 수가 있습니다. 휴일을 제외하고 6일을 일한다면 하루 중 필요노동시간은 2시간밖에 안 됩니다. 숲에서 빵을 베어 오는 거나 다름없다는 뜻에서 마르크스는 이들을 '빵 벌채자'(Brotschneider)라고 부르는데요. 자연이 그야말로 주민들에게 큰 선물을 준 것입니다. 먹을 것에 더해 여가까지 주었으니까요. '천혜의 자연'이라는 말은 하늘의 은혜를 입었다는 뜻인데요. 이 은혜 덕분에 주민들은 오래 일할 필요가 없었습니다.

그런데 만약 이 사고야자나무 숲을 누군가, 이를테면 어떤 귀족이나 자본가가 사적으로 소유한다면 어떤 일이 벌어질까요. 사람들은 여전히 '빵 벌채자'로 살아갈 겁니다. 자연도 은혜를 거두지 않을 거고요. 하지만 이 은혜의 수혜자는 이제 생산자인 주민들이 아닙니다. 은혜는 소유자에게 돌아갑니다. 생산자에게 여가를 선물하는 게 아니라 소유자에게 잉여생산물 내지 잉여가치를 선물하지요. 주민들은 일주일에 12시간이 아니라 매일 12시간을 일해야 할 겁니다. 어쩌면 더 오래 일해야 할지도 모르지요. 숲의 소유자는 주민들이 더 많이 일할수록 자신에게 더 많은 은혜, 더 많은 축복이 쏟아진다는 걸 알 테니까요. 왜 이 나무가 하필 이 섬에 자라나서 우리가 이 고생을 하는 걸까. 주민들은 그렇게 생각하게 될지도 모릅니다.

과연 자연이 선물한 것은 생산자의 여가일까요, 소유자의 잉여가치일까요. 어떤 물리학자나 화학자도 자연의 답변을 들을 수 없습니다. 나는 이전에, 화폐가 자연의 산물이 아님을 지적하면서 마르크스의 다음 말을 인용한 바 있습니다. "자연 자체는 환율이나 은행가를 낳지 않듯이 화폐도 낳지 않았다"(『화폐라는 짐승』, 54쪽). 여기서도 비슷한 말을 해야 할 것 같습니다. 자연은 화폐를 낳지 않은 것처럼 '잉여노동'이나 '잉여가치'를 낳지 않았습니다.

자연 덕분에 일주일에 하루만 일하면 나머지 6일은 자유롭게 지낼 수 있다고 생각하는 사회와 자연 덕분에 나머지 6일은 다른 사람(귀족이나 자본가)을 위해 일하도록 시킬 수 있겠다고(혹은 인구의 7분의 6은 다른 일에 부려 먹을 수 있겠다고) 생각하는 사회. 자연은 인간들에게 어느 길로 가라고 말하지 않습니다. 후자가 자연스럽다면 전자도 자연스럽습니다. 전자가 자연스럽지 않다면 후자도 자연스럽지 않습니다.

요컨대 우리는 필요노동의 감소로부터 잉여노동의 증대로 이어지는 길을 자연의 이름으로 정당화할 수 없습니다. 필요노동의 감소가 잉여노동의 증대로 이어지기 위해서는 자연 이외의 어떤 것이 필요합니다. 바로 '외적 강제'입니다.[김, 697; 강, 708] 일주일에 하루만 일하면 되는 사람을 나머지 6일에도 일하게 강제할 힘 말입니다. 그리고 이 잉여노동이 농노의 부역노동이 아니라 노동자의 상품 생산활동이라면, 그래서 잉여노동이 노동력의 가치 이상의 잉여가치를 생산하는 활동을 의미하려면, 여기에는 또 다른 역사적 조건들, 새로운 강제 형식들이 필요합니다(여가를 생산적으로 잘 활용하기 위해서도 '역사적 조건', 이를테면 다양한 형태의 소비수단이 역사적으로 창출되고 발전해야 합니다만, 이 시간을 잉여노동으로 전환하려면 '외적 강제'까지 더해져야 하지요).

노동생산성 향상에서 잉여가치의 증대로 이어지려면 최소한 두 번의 비약이 필요합니다(우리는 조금 뒤에 노동생산성이 높아지면 이윤이 커진다는 것을 자연스러운 진리처럼 받아들이는 무리를 만날 겁니다). 앞서 말한 것처럼 노동생산성의 증대는 필요노동의 감소를 의미합니다. 그러나 필요노동의 감소가 잉여노동의 증대로 이어져야 할 필연적 이유는 없습니다(첫 번째 비약). 또 잉여노동의 증대가 곧바로 잉여가치의 생산을 의미하지도 않습니다. 신분제 사회와 자본주의 사회는 다르지요(두 번째 비약). 이와 관련해 자연은 아무것도 말한 바 없습니다. 다시 말해 이 중 어떤 것도 자연스럽지 않습니다.

◦ 자연을 지배하고 노동자를 지배하고 식민지를 지배하다
만약 필요노동 감소가 잉여가치 생산으로 자연스럽게 이어진다면, 자본주의는 필요노동시간이 가장 짧은 환경에서 가장 먼저 생겨나고 발전했을 겁니다. 사고야자나무가 자라는 열대의 섬들 말입니다. 자연이 하루 10시간이나 되는 잉여노동을 가능케 해주니까요. 사고야자나무 숲을 밀가루 공장으로, 빵 벌채자를 제빵 노동자로 바꾸기만 하면 큰 잉여가치가 생길 겁니다. 그런데 우리가 아는 것처럼 자본주의가 생겨난 나라들은 이런 곳이 아닙니다. 일단 자본주의가 생겨나면 잉여

가치를 늘리기 위해 최대한 필요노동을 줄이려고 합니다만, 필요노동이 적은 곳에서 자본주의가 생겨난 것은 아닙니다.

참고로 인류학자들에 따르면 상당히 많은 원시공동체들에서 필요노동시간은 생각보다 길지 않습니다. 원시공동체의 경제를 소위 '생계경제'로 생각하는 사람들이 많은데요. 생계경제란 대부분의 활동이 먹고사는 데 바쳐지는 경제입니다. 노동생산력이 낮아서 대부분의 시간을 먹을 것을 구하러 다니는 경제라고 할 수 있지요. 사실은 마르크스도 이런 생각을 갖고 있었던 것 같습니다. 문명의 초창기에는 노동생산력이 미미해 잉여생산물이 많지 않았으리라고 말하는 걸 보면요. [김, 692; 강, 704]

하지만 마셜 살린스(Marshall Sahlins)에 따르면 원시공동체의 경제는 잉여생산물은 별로 없지만 생계경제는 아닙니다. 원시공동체는 생계 걱정에 시달리는 '빈곤 사회'라기보다는 오히려 '풍요 사회'(société d'abondance)에 가깝습니다. 그는 이렇게 말합니다. "수렵채집민은 우리보다 더 적게 일하며, 끊임없이 식량을 찾아 고군분투하는 것이 아니라 가끔 필요할 때만 식량을 추구하며, 여가시간도 풍부해서 연간 1인당 낮잠 시간이 다른 이떤 사회적 상황에서보다 더 길다는 주장을 설득력 있게 할 수 있다."[26] 살린스가 인용한 아넘랜드(Arnhem Land) 지역 원주민에 대한 연구를 보면 하루 평균노동시간이 4~5시간밖에 되지 않습니다. 도베(Dobe) 지역 부시맨 연구도 마찬가지 사실을 보여주는데요. 노동 가능한 성인

이 주당 15시간 정도만 일했습니다. 이 정도의 노동만으로도 피부양자들까지 부양할 수 있었습니다.[27]

살린스의 주장이 옳다면 원시공동체에서도 상당한 정도의 잉여노동과 잉여생산물이 가능했을 겁니다. 주민들이 대부분의 시간을 빈둥거리고 있으니까요. 그런데 이 공동체들은 왜 잉여생산에 적극적이지 않았을까요. 잉여를 생산하고 저장할 수 있으면서도 그렇게 하지 않은 이유가 무얼까요. 이에 대한 적절한 대답 중 하나를 우리 시리즈 3권에서 찾을 수 있습니다. 그것은 아마도 원시공동체에서 화폐가 생겨나지 않은 이유와 같을 겁니다. 마르크스는 상품교역과 화폐로 상징되는 사회질서가 공동체적 인간관계와 상충한다는 점을 지적한 바 있습니다(『화폐라는 짐승』, 44~61쪽). 단지 생산력이 미미해서가 아니라 상품교역과 화폐 사용을 막는 공동체의 메커니즘이 작동한다는 것이지요.

이는 '국가 없는 사회'로서 원시공동체를 분석한 피에르 클라스트르(Pierre Clastres)의 연구 결과와도 통합니다(클라스트르는 살린스의 연구에서 많은 영감을 얻기도 했습니다. 그는 살린스의 작업을 "우상 파괴적이고 엄밀하며, 학술적이고 경쾌하다"라고 평가했지요[28]). 클라스트르는 원시공동체가 '국가 없는 사회'로 존재했던 것은 어떤 미개함이나 불완전함 때문이 아니라 초월적 권력의 출현을 막는, 다시 말해 국가에 대항하는 메커니즘, 국가에 대항하는 투쟁이 존재하기 때문이라고 했습니다.[29] 그의 표현을 따서 말해보자면, 원시공동체에서 '자본관계'가 생겨나지 않은 것은 생산력이 충분히 발전하지 않아서라기보다는(그런 면도 있겠지만), 자본관계의 발생을 저지하는 적극적 메커니즘이 있었기 때문입니다. 말하자면 원시공동체는 '자본에 대항하는 사회'였던 거죠.

마르크스는 말합니다. "잉여노동의 크기는 노동의 자연조건, 특히 토지의 비옥도에 따라 변동할 것이다. 그렇다고 가장 비옥한 토지가 자본주의적 생산양식의 성장에 가장 적합한 토지라고는 결코 말할 수 없다."[김, 694; 강, 706] 물론 마르크스는 '자본주의적 생산을 전제한다면' 비옥한 토지가 잉여가치 생산에 유리한 조건임을 부인하지 않습니다. 그럼에도 그는 '비옥한 토지'와 '자본주의의 성장에 적합한 토지'를 구분했습니다. 자본주의적 생산양식이 생겨나고 발전하는 데 어떤 다른 요소가 큰 영향을 미친다는 점을 말하려는 겁니다. 그런데 이 요소는 앞서 말한 공동체적 인간관계와는 다른 것입니다. 일종의 생태학(ecology)이라고 할까요. 마르크스는 자연환경과 인간이 맺는 관계를 중요하게 부각합니다.

마르크스에 따르면 자본주의적 생산양식은 "자연에 대한 인간의 지배"를 전제합니다. 그런데 지나치게 풍요로운 자연은 "어린애를 걸음마용 끈에 의지하게 만들듯 인간을 자연의 손에 의지하게 만"듭니다. 마르크스는 열대지방이 아닌 온대지방이 "자본의 모국"인 이유가 여기에 있다고 봅니다.[김, 694~695; 강, 706] 그에 따르면 자본주의 발전을 위해서는 토지가 절대적으로 비옥한 곳보다는 장소에 따라 비옥도에 차이가 나는 곳이 낫습니다. 계절의 변화가 없는 곳보다 계절 변화가 크고 장소와 시기에 따라 생산물이 달라지는 곳이 낫습니다. 이런 곳에서는 사회적 분업이 발전하고 인간의 욕구가 다양해지니까요. 또 이런 곳에서는 사람들이 노동수단과 노동방식을 다양하게 발전시킵니다. "산업의 역사에서 결정적 역할을 하는 것은 자연력을 사회적으로 통제할 필요성 그리고 그와 더불어 그것을 조리 있게 사용하고, 인간의 작업을 통해 그것을 대규모로 획득하거나 길들일 필요성, 바로 그것이다."[김, 695; 강, 706]

나는 마르크스의 말에서 두 가지 대비되는 표현을 강조하고 싶습니다. 그것은 '자연에 대한 지배'와 '자연의 손에 대한 의지'입니다. 자본주의는 자연에 대한 '지배'(Herrschaft)를 전제한다고, 즉 인간이 자연에 대해 '주인'(Herr)으로 군림하는 것을 전제한다고 했습니다. 반면 자본주의가 발생하지 않는 곳은 인간이 자연에 의지하며 살아갑니다. 마르크스의 표현이 재미있습니다. 그는 후자의 자연을 '지나치게 사치를 부리는'(verschwendrisch) 자연이라고 했습니다. 과도한 호의를 베풀어 아이의 독립을 늦추는 부모처럼 묘사한 것이지요. 걸음마 끈을 붙잡고 있는 아이처럼 열대지방 사람들은 자연의 손을 놓지 않습니다.

이러한 마르크스의 말을 부모의 과보호가 자식을 망치듯 천혜의 자연이 인간의 기술 발전을 가로막았다는 식으로 읽을 수도 있겠습니다만 나는 조금 다르게 읽어보고 싶습니다.

나는 자본주의를 발전시킨 곳과 그렇지 않은 곳의 자연에 대한 심성 내지 감정에 주목하고 싶습니다. 자연을 지배해야 살 수 있다고 생각하는 사회와 자연을 믿고 의지함으로써 살 수 있다고 생각하는 사회. 전자에서 사람들은 자연에 대해 불신하고 있습니다. 자연은 인간에게 인색하고 인간의 생존을 위협합니다. 반면 후자의 경우 사람들은 아이가 부모에 대해 그렇듯 자연에 대해 믿음과 신뢰를 갖고 있습니다. 자연은 인간에게 은혜를 베풀며 그 덕분에 인간이 살 수 있다는 거죠.

나는 둘 중 한 사회에서만 기술이 발전한다고 생각하지 않습니다. 두 사회에서 모두 기술이 발전합니다. 다만 밑바탕에 놓인 감정이 무엇이냐에 따라 다른 종류의 기술이 발전할 겁니다. 클라스트르는 원시사회의 경제를 생계경제로 매도하고 그 이유가 낙후한 기술 수준에 있다고 주장하는 사람들에게 이렇게 말한 바 있습니다. "자연을 절대적으로 지배하기 위해서(이는 우리 세계와, 우리 세계의 데카르트적인 어리석은 시도에서만 통용되는 것이다. 이 시도가 생태적으로 어떤 결과를 초래할 것인가는 이제 겨우 측정되기 시작했다)가 아니라 주위의 자연을 인간의 필요에 맞게 만들기 위해서 인간이 스스로 만들어낸 기술 전체를 놓고 볼 때 더 이상 원시사회가 기술적으로 낙후되어 있다고 단정할 수는 없다."[30] 클라스트르가 원시사회의 기술에 대해서도, 비록 '최소한'이라는 수식어를 붙이긴 했지만, '지배'(domination)라는 말을 쓰는 것은 사실입니다.[31] 그러나 그가 강조하고 싶었던 것은 차이입니다. 기술이 발전하지 않은 사회와 발전한 사회가 아니라, 서로 다른 기술이 발전한 사회의 차이 말입니다. 원시사회는 '자연에 대한 절대적 지배'에 입각한 기술과는 다른 기술이 발전한 사회였다는 거죠.

하이데거 역시 기술에 따라 자연에 대한 감정이 얼마나 다르게 상응하는지를 보여주었는데요.[32] 이를테면 풍차나 물레방아를 생각해봅시다. 이 장치들은 바람이나 물의 흐름 즉 자연에 자신을 내맡깁니다. 이것들은 에너지를 저장하고 축적하기 위해 개발된 게 아닙니다. 반면 현대의 발전소들은 변덕스러운 자연을 길들이고 통제하고, 무엇보다 자연으로부터 에너지를 짜내고 비축하기 위해 만들어졌습니다. 농업기술도 그렇습니다. 과거의 농부들에게 경작이란 키우고 돌보는 일이었습니다. 씨앗과 땅에 대한 믿음이 경작의 기본입니다. 농부란 씨앗과 땅 사이에서 일어나는 일을 관리하는 사람일 뿐입니다. 반면 자연의 힘을 믿을 수 없는(그것이 충분치 않다고 생각하는) 현대의 농부들은 화학비료를 뿌려댑니다. 힘을 짜내는 거죠. 사료에 호르몬제를 투여해 가축으로부터 고기를 짜내고, 우유를 짜내고, 달걀을 짜내는 식입니다(하이데거의 말처럼 "농업은 이제 기계화된 식품공업"입니다[33]).

자연에 대한 이런 태도가 자본주의 시대에 처음 생겨난 것은 아닙니다. 하지만 자본주의에서 꽃처럼 피어났지요. 이윤에 대한 무제한적 충동이 자연이 제공하는 어떤 것도 모자라 보이게 만듭니다. 그리고 사람들은 경쟁에 내몰려 있습니다. 생산성이 떨어지면 도태됩니다. 이런 상황에서 자연에 은혜를 입었다고 감사하며 지낼 사람은 많지 않습니다. 스미스의 『국부론』의 핵심 메시지는 부의 원천이 자연이 아니라 인간의 근면이라는 것입니다. 자연은 가만두면 불모가 됩니다. 인간이 닦달하지 않으면 아무것도 내놓지 않는 구두쇠죠.

스미스 이후 19세기 정치경제학에는 자연에 대한 이런 시각이 녹아 있습니다. 사실 고전주의 시기(17~18세기)만 하더라도, 특히 중농주의자들에게는 부의 원천으로서 자연에 대한 이미지가 남아 있었습니다. 토지는 항상 경작자의 노동보다 더 많은 것을 선사합니다. 중농주의자들이 농업을 잉여의 원천으로 간주한 것은 이때까지만 해도 부의 원천이자 베푸는 존재로서 자연의 이미지가 조금은 남아 있었다는 걸 보여줍니다.

그러나 19세기 정치경제학에는 이런 믿음이 없습니다. 미셸 푸코(Michel Foucault)에 따르면 19세기 정치경제학의 '희소성'(rareté) 개념은 이러한 변화를 잘 보여줍니다.[34] 고전주의 시기 정치경제학자들은 '희소성'을 '필요'와 관련지어 이해했습니다. 이를테면 목마른 사람에게는 물이, 멋을 부리고 싶어하는 사람에게는 다이아몬드가 희소성을 갖습니다. 희소성이란 필요하지만 갖고 있지 못한 사물에 대한 표상이었습니다. 자연은 그 사물을 누군가에게는 제공했습니다. 그러므로 교환을 통해 얻으면 됩니다. 그런데 19세기 정치경제학자들, 이를테면 리카도에게는 그렇지 않습니다. 자연은 사람들에게 생계수단을 충분히 제공하지 않았습니다. 희소성은 자연의 기본 성격입니다.[35] 자연의 자원은 언제나 부족합니다. 그래서 가만히 있는 사람은 죽게 되어 있습니다. 노동은 불모의 자연에 맞선 인간의 분투라 할 수 있습니다. 불모의 땅이라도 개간해야 합니다. 지대가 불모의 땅을 기준으로 책정되는 것은 그 때문입니다(절대지대). 불모의 땅이라 해도 지주에게 일정액의 지대를 지불해야 합니다. 상대적으로 비옥한 땅은 그것에 비해 더 많은 지대를 지불해야 하고요(차액지대). 즉 "지대는 풍요로운(다산의, prolifique) 자연이 아니라 인색한 (avare) 토지의 결과물"이지요.[36]

자본주의가 발전한 곳과 그렇지 않은 곳의 자연에 대한 심성 내지 감정의 차이를 이야기하다가 논의가 너무 길어졌는데요. 내가 이 부분을 강조하는 것은 자본주의에서 자본가의 노동자에 대한 지배 그리고 식민지에 대한 지배가 '자연에 대한 인간의 지배'와 무관치 않다는 것을 말하기 위해서입니다. 노동자를 쥐어짜고 식민지를 쥐어짜는 생산양식은 자연을 쥐어짜는 기술의 발전에 입각해 있다는 겁니다.

지난 책(9권, 『자본의 꿈 기계의 꿈』)에서 내가 언급하진 않았지만, 마르크스는 "기계와 대공업"에 관한 장에서 데카르트의 동물관을 중세의 동물관과 비교한 바 있습니다.[김, 527, 각주 27; 강, 528, 각주 111] 데카르트는 동물을 기계라고 정의했는데요. 인간을 아무리 잘 흉내 낼지라도 심지어 어떤 행동을 인간보다 더 잘 수행한다 할지라도 그것은 "바퀴와 태엽만으로 이루어진 시계가 우리의 능력 이상으로 정확하게 시간을 헤아리고 때를 측정하는 것과 마찬가지"[37]라고 했죠. 마르크스는 데카르트 눈에 동물이 기계로 보였던 것은 그가 "매뉴팩처 시대의 눈으로" 보았기 때문이라고 했습니다. 이는 중세인들의 눈에 비친 동물과 다릅니다. 마르크스에 따르면 중세시대 동물은 '인간의 조수(Gehilfe)'였습니다. 일을 돕는 존재, 일을 함께하는 존재였던 것이죠(전통적인 농부들이 소와 같은 역축을 대할 때 보이는 태도이기도 하지요). 인간이 마음대로 작동시키고 조작할 수 있는 사물이 아니었던 겁니다.

마르크스는 데카르트가 『방법서설』의 집필 동기를 밝힌 부분을 인용했는데요. 데카르트는 자신의 방법을 따를 때 우리는 "자연의 주인이자 소유자가" 될 수 있다고 했습니다.[38] 이것이 '매뉴팩처 시대의 눈'입니다. 자본주의적 생산의 역사적 최초 형태는 이런 눈을 가진 곳에서 시작되었던 겁니다. 자연의 은혜에 감사하는 곳이 아니라 자연의 지배자가 되는 곳 말입니다. 이런 곳에서는 자연이 준 선물도 인간의 힘으로 나타나고, 무엇보다 인간노동을 조직한 자본의 힘으로 나타납니다.

∘ 자본과 식인종─적어도 400만 명의 식인종이 산다
정리하자면 잉여노동도, 잉여생산물도 '자연스러운' 것이 아닙니다. 필요노동이 끝나고도 노동이 계속해서 이어져야 하는지 아니면 여가가 시작되어야 하는지 자연은 아무 말도 하지 않습니다. 더욱이 잉여노동이 잉여가치로 전환되는 것은 자연과 아무런 상관이 없습니다.

물론 자본주의적 생산양식도 이 세계 즉 자연에서 일어난 일이므로 반자연적이라고까지는 말할 수 없습니다. 그럼에도 마르크스는 인간이 잉여노동을 해야 하고 더 나아가 이것이 잉여가치의 생산을 의미하게 된다는 게 얼마나 이상한 일인지를 말하기 위해 식인종의 존재를 끌어들입니다. "잉여가치의 자연적 토대"를 이야기하는 것은 식인종의 자연적 토대에 대해 말하는 것과 같다는 것이지요. "어떤 사람이 자신의 생존에 필요한 노동을 자신에게서 다른 사람에게로 넘기는 것"(자기 먹을 것을 타인의 노동에서 취하는 것)을 "가로막는 절대적인 자연적 장애는 존재하지 않는다"라는 것은 마치 "다른 사람의 육신을 식량으로 사용하지 못하도록 가로막는 절대적인 장애는 존재하지 않는다는 말과 같다"라는 겁니다. [김, 691~692; 강, 703~704]

이 세상에 잉여가치가 존재할 수 있는 것, 다시 말해 자본이 존재할 수 있다는 것은 이 세상에 식인종이 존재할 수 있다는 것과 다르지 않다는 뜻이죠. 그렇습니다. 자연은 자본의 존재를 금지하지 않았습니다. 식인종을 금지하지 않은 것처럼요. 바꾸어 말하면 자본은 세상에 식인종처럼 존재하고 있습니다. 마르크스는 여기에 문헌 출처가 불분명한 주석까지 달았습니다. "최근의 계산에 따르면 지구상에는 이미 탐사가 끝난 지역에서만 적어도 400만 명의 식인종이 살고 있다." [김, 692, 각주 2; 강, 704, 각주 1a] 왜 굳이 이런 주석까지 달았을까요. 아직 지구에 살고 있다고 하는 400만 명의 식인종에서 지금 지구에 살고 있는 400만 명의 자본가를 떠올렸던 건 아닐까요.

나는 마르크스가 자본주의를 인간을 잡아먹는 식인 체제로 간주한다는 것을 노동일에 관한 장을 다룰 때 이야기한 바 있습니다(『공포의 집』, 115~121쪽). 특히 기계제 대공업 초기, 그러니까 노동일 연장의 폭풍이 몰아쳤을 때 자본가들은 노동자들의 생명력을 거의 탕진이라도 하려는 듯 달려들었습니다. 마르크스는 인류의 역사를 길게 볼 줄 아는 "사려 깊은 관찰자"의 눈에는 "역사적으로 볼 때 겨우 어제 시작된 자본주의적 생산이 얼마나 빨리 그리고 얼마나 깊숙이 민중의 생명력의 근원을 장악해버렸는지" 보일 것이라고 했지요(『공포의 집』, 122쪽).

자본(자본가)을 흡혈귀라고도 불렀던 마당에 식인종이라 부른다고 이상할 건 없습니다. 마르크스는 토머스 모어가 말한 "양이 사람을 잡아먹는 괴상한 나라"가, 세상에 없는 나라가 아니라 자본주의가 시작되던 당대의 영국이라고 생각했습니다.[김, 986, 각주 4; 강, 969, 각주 193] 세상에는 이런 나라가 있습니다. 사실은 이런 나라가 지배적이지요. 자연은 이런 나라를 금지하지 않았습니다. 자연에 있으니 자연적이라고 말할 수도 있겠지요. 그러나 인류의 역사를 길게 보는 사려 깊은 관찰자에게는 틀림없이 아주 독특하고 '괴상한 나라'인 것도 사실입니다.

○ 노동자는 자본가다?─어리석은 '위대한 지성'

19세기 정치경제학자들은 '자본관계'(Kapitalverhältnis)가 역사적으로 얼마나 독특한 것인지를 알지 못합니다. 마르크스는 리카도에 대해 이렇게 말합니다. "리카도는 잉여가치의 원천에 대해서는 아무런 관심도 없다. 그는 잉여가치를 자본주의적 생산양식, 그러니까 자신의 눈에 사회적 생산의 자연적 형태로 보이는 자본주의적 생산양식에 본래부터 들어 있는 (inhärente) 것으로 취급한다."[김, 697; 강, 708~709]

마르크스는 두 가지를 지적하고 있습니다. 하나는 리카도가 자본주의적 생산양식을 '자연적 형태'로 본다는 것이고, 다른 하나는 잉여가치를 자본주의적 생산양식의 '타고난 요소'로 본다는 겁니다. 바꾸어 말하면 리카도의 눈은 두 가지를 보지 못합니다. 하나는 자본주의가 역사적으로 얼마나 독특한 형태인지를 보지 못합니다. 그 이유는 자본주의가 그에게 너무 자연스럽고 익숙하기 때문입니다. 다른 하나는 잉여가치가 어떻게 생겨난 것인지를 보지 못합니다. 그 이유는 그가 그런 데 관심이 없기 때문에, 즉 그것을 알아보고 싶어하지 않았기 때문입니다(시리즈 1권에서 나는 이것을 역사성과 당파성의 문제라고 불렀습니다. 『다시 자본을 읽자』, 77~109쪽).

리카도는 잉여가치의 원천에는 무관심하지만 잉여가치를 늘리는 데는 당연히 관심이 많았습니다. 그가 노동생산성에 주목하는 것은 이 때문입니다. "잉여가치라는 현존재의 원인이 아니라 잉여가치의 크기를 결정하는 요인"에만 관심을 둔 것이지요.[김, 697; 강, 709] 그런데 마르크스에 따르면 그의 추종자들은 아주 과감합니다. 그들은 "노동생산력이 이윤의 발생원인"이라고 선언했으니까요(마르크스는 이들이 리카도의 학설을 발전시킨 게 아니라 속류화했다고 말합니다).[김, 697~698; 강, 709] 잉여가치의 발생원인과 잉여가치의 크기에 개입하는 요인을 혼동한 것이지요. 자본주의에서 노동생산력이 커지면 상대적 잉여가치가 증대하기 때문에 그런 생각을 갖게 되었을 겁니다. 하지만 왜 노동생산력이 커지면 잉여가치가 증대하는지 더 파고들지는 않습니다. 한 걸음만 더 들어가면 잉여가치가 노동력의 사용에 달려 있다는 것, 달리 말해 잉여노동이 곧 잉여가치라는 것을 알게 되었을 텐데요.

마르크스는 냉소적으로 말합니다. 이들은 참 적절한 곳에서 멈추었다고요. "사실 이들 부르주아 경제학자들은 잉여가치의 원천에 관한 뜨거운 쟁점을 너무 깊숙이 파고들어가는 것은 대단히 위험한 일임을 알아차리는 올바른 본능을 가지고 있었다."[김, 698; 강, 709] '올바른 본능'이란 계급적 본능을 가리킵니다. 더 파고들어가는 것은 자신들에게 위험한 일임을 알았다는 이야기죠.

그런데 마르크스는 리카도가 죽은 지 반세기나 지난 시점에 당대의 '위대한 지성'인 존 스튜어트 밀이 리카도 추종자들의 오류를 반복하고 있다고 지적합니다. 사실 밀의 주장은 『자본』 제14장(영어판은 제16장)에서 마르크스가 지적한 오류들의 종합체입니다(이 장 전체가 당시 최고의 지성으로 숭앙

받던 밀에 대한 종합 비판으로 느껴질 정도입니다).

먼저 밀은 이윤(잉여가치)의 원천을 노동의 어떤 신비한 성격에서 찾습니다. 그는 리카도를 속류화한 추종자들처럼 노동의 생산력이 이윤을 낳는다고 봅니다.[김, 698; 강, 709] "노동은 자신을 유지하는 데 필요한 것보다 더 많은 것을 생산"한다는 것이지요. 잉여가치는 '노동력의 가치 이상으로 연장된 노동'(외적 강제가 필요한 일이죠)에서 나온 것이지 노동을 하면 천성적으로 그 가치보다 많은 가치가 생산되는 것이 아니므로 이렇게 말하면 안 됩니다. 자본주의의 잉여가치는 물론이고 다른 생산양식에서의 잉여생산물도 그렇습니다. 이것들은 "어떤 경우에도 인간노동의 타고난 신비한 성질에서 나오는 게 아닙"니다.[김, 697; 강, 708]

게다가 밀은 노동의 신비한 생산력에 더해 생산물과 노동수단의 내구성까지 끌어들입니다. "자본이 이윤을 낳는 이유는 식품이나 의복, 원료, 노동수단이 그것들의 생산에 필요한 시간보다도 더 오랫동안 지속되기 때문"이라는 겁니다. [김, 698; 강, 709] 밀은 무언가 대단한 착각을 하고 있는데요. 상품의 가치는 그것의 생산에 필요한 시간 즉 '노동의 지속 시간'입니다. 그러나 이것은 '생산물의 지속시간'과는 아무런 관계도 없습니다.

앞서 마르크스는 스미스도 비슷한 착각을 했음을 지적한 바 있습니다. 스미스는 생산적 노동을 일정한 내구성을 가진 상품을 생산하는 노동으로 간주했었지요. 그때도 지적했지만 상품의 내구성은 잉여가치의 생산과 아무런 관련도 없습니다. 만약 밀의 주장이 옳다면 "생산물이 겨우 하루밖에 지속되지 않는 제빵업자"는 "생산물이 20년 이상이나 지속되는 기계제조업자"와 똑같은 잉여가치를 얻을 수 없겠지요.[김, 698; 강, 709~710] 하지만 그런 일은 없습니다. 심지어 노동과 동시에 소멸되는 서비스 상품의 경우에도 잉여가치를 생산하는 데는 아무런 문제가 없습니다. 잉여가치는 노동력의 사용을 통해 생산된 가치와 노동력의 가치의 차이에서 생겨납니다. 즉 노동자의 노동이 필요노동시간을 넘어 얼마나 연장되느냐와 관계되지, 노동을 통해 생산된 생산물이 얼마나 오래 지속하느냐와 관계된 것이 아니니까요.

밀의 황당한 주장은 더 이어집니다. 밀이 이윤의 원천을 상품의 교환영역이 아니라 생산영역에서 찾으려 한 것은 좋습니다. 그것을 상품의 부등가교환에서 찾은 중상주의자들보다는 진보한 주장이지요. 그런데 그는 이윤이 생산영역에서 생겨난다고 주장하면서 마치 이윤이 상품의 교환 없이도 존재할 수 있는 것처럼 말합니다. "한 나라의 총이윤은 교환이 수행되든 그렇지 않든 간에 늘 노동생산력에 따라 결정된다" 그는 구매나 판매가 없어도 이윤이 존재할 것이라는 주장을 내놓습니다. 이 말이 무슨 뜻인지 그는 과연 알고나 있을까요. 교환이 없다는 것은 상품이 존재하지 않는다는 뜻입니다. 상품이 존재할 수 없다면 노동력도 상품으로 거래될 수 없겠지요. 그는 교환이 없어도 이윤은 존재할 거라고 했지만 교환이

없으면 자본주의가 없습니다. 교환은 자본주의적 생산의 일반 조건입니다.[김, 699; 강, 710]

참고로 마르크스는 밀이 이윤이라는 용어를 얼마나 부주의하게 쓰는지도 잠깐 지적했는데요. 밀은 "노동자가 임금총액보다 20퍼센트를 더 생산한다면 이윤은 20퍼센트가 될 것"이라고 했습니다. 한편으로는 하나마나한 동어반복적인 말이지요. 이윤이 임금총액 대비 20퍼센트라면, 이윤은 임금총액을 100으로 놓았을 때 20에 해당하겠지요('퍼센트'의 말뜻 그대로입니다). 그런데 만약 그가 말하려는 게 '이윤율'이라면 계산이 틀렸습니다. 이윤율은 임금총액이 아니라 투자된 자본총액을 기준으로 계산해야 하니까요. 만약 어떤 자본가가 생산수단(C)에 400억, 임금(V)에 100억을 투자해서, 20억의 이윤을 얻었다면, 이윤율은 20억/500억, 즉 4퍼센트이지 20퍼센트가 아닙니다(잉여가치율이라면 20퍼센트가 되겠지요).

밀이 자본주의가 역사적으로 특수한 사회형태라는 점을 인식하고 있는지도 의문입니다. 마르크스는 밀의 다음 문구를 의심의 근거로 듭니다. "나는 거의 예외 없이 어디서나 이루어지고 있는 현재의 상태를 전제로 삼는다. 즉 자본가는 노동자에 대한 보수를 포함해 일체의 비용을 지불한다고 전제한다." 현재의 상태 즉 자본주의가 "예외 없이 어디서나 이루어지고 있"다고 본 것이지요. 앞서 이 책의 서두를 열면서 말한 것처럼, 마르크스는 밀이 '시각적 기만'에 빠져 있다고 비판합니다. 밀이 자신이 속한 사회형태, 역사적으로 특수한 사

회형태를 항구적이고 보편적인 것으로 보고 있다는 거죠.[김, 700; 강, 711]

사실 밀에 대한 마르크스의 인용은 정확하지 못했습니다. 밀은 "예외 없이 어디서나 이루어지고 있는"이라는 말 앞에 "노동자와 자본가가 서로 계급으로 대립하는 곳에서는"이라는 말을 썼습니다. 자신의 논의를 자본주의에 한정했던 거죠. 따라서 부르주아 정치경제학자들의 몰역사성에 대한 마르크스의 비판이 타당하다 하더라도, 저 문구를 근거로 밀에 그런 혐의를 뒤집어씌우는 것은 적절치 않습니다. 마르크스도 밀에 대한 인용이 정확지 않았음을 나중에 인정했습니다. 그래서 『자본』의 러시아어판 번역자인 다니엘손(N. F. Danielson)에게 보낸 편지(1878년 11월 28일)에서 이 부분을 수정하자는 제안을 했죠. 그가 수정한 내용을 보면 인용문이 원문대로 바로잡혀 있고, "지금까지 지구상에서 거의 예외적으로만 이루어지고 있을 뿐인 상태를 어디에서나 볼 수 있다고 생각하는 보기 드문 시각적 기만이 여기에 있다!"라는 비난 문장도 삭제되었습니다(국내의 김수행 번역본은 수정 사실만을 밝히고 있을 뿐 내용을 소개하지는 않았는데요. 강신준 번역본에는 해당 내용이 옮긴이 주석으로 소개되어 있습니다[김, 700; 강, 711]).

그러나 마르크스가 해당 인용문에 대해 "사회적 생산의 여러 역사적 형태를 밀이 어떻게 다루는지 보여주는 좋은 사례"라고 옮긴 문장은 그대로 두었다는 점도 유념해야 합니다. 즉 정확하지 않게 인용된 문구를 가지고 조롱한 문장은 삭제

했지만, 밀을 비롯한 부르주아 정치경제학자들이 몰역사적이라는 비판은 철회하지 않은 거죠.

　　마르크스는 자본가와 노동자에 대한 밀의 인식이 얼마나 엉터리인지도 보여줍니다. 밀은 노동자가 생존수단을 갖고 있어서 자본가가 임금총액을 지불할 때까지 기다릴 수 있다면, 그렇게 기다리는 한에서 자본을 투자한 것과 같다고 했습니다. 임금을 받고 일하는 게 아니라 일하고 나서 임금을 받는다면 임금을 받을 때까지는 일정액의 자본을 해당 사업에 투자한 것으로 볼 수 있다는 거죠(처음에는 노동자가 생필품을 살 돈을 먼저 받고 그것을 넘는 부분에 대해서는 나중에 받는 한에서 투자자로 볼 수 있다고 했지만, 곧이어 임금을 늦게 받는 한에서 모든 노동자들을 투자자 즉 자본가로 볼 수 있다고 했습니다).[김, 700~701; 강, 711~712]

　　여기에는 이윤(잉여가치)을 투자한 돈(자본)에 대한 대가라고 생각하고, 임금을 투입한 노동에 대한 대가라고 생각하는, 부르주아 정치경제학자들의 잘못된 사고방식이 나타나 있습니다. 우리는 이것이 얼마나 황당한 생각인지 잘 알고 있습니다. 이윤은 오리가 알을 낳듯 자본이 낳은 것도 아니고(자본물신주의) 자본가가 생산한 것도 아닙니다. 또한 임금은 이윤과 다릅니다. 임금은 노동자 자신이 필요노동의 형태로 직접 생산한 것입니다. 노동자는 자신이 받을 것을 자신이 생산하고(엄밀히 말해 자본가는 아무것도 지불하지 않습니다), 잉여노동을 통해 자본가가 챙겨 갈 몫까지 생산합니다.

어떻든 밀의 생각을 따를 때, 노동자는 발상의 전환만으로 손쉽게 자본가가 될 수 있습니다. 노동자만이 아니지요. 이런 식의 논법을 펼치면 온갖 사람이 다 온갖 존재가 될 수 있습니다. 생산수단을 가진 자영업자는 자기 자신에게 고용된 노동자가 될 수도 있습니다. 마르크스의 조롱처럼 미국의 농민은 노예제가 폐지된 이후에도 노예가 될 수 있습니다. 자기 자신을 위해 온갖 노역을 감내하는 노예라고 할 수 있지요. [김, 700; 강, 712]

자본가와 노동자에 대한 몇 가지 이미지만으로 대강 말하기 시작하면 나중에는 황당한 이야기가 전개되지요. 비유컨대 원숭이 엉덩이에서 시작한 이야기가 어느덧 백두산 꼭대기에 이르는 것과 같습니다. 자본가는 투자자로서 노동자와 계급적으로 대립한다고 했는데, 노동자도 노동자 자신에게 투자하는 한에서 자본가라고 말할 수 있게 되고, 우리 자신인 자본가를 위해서 일한다는 점에서 다시 노동자라고도 말할 수 있게 됩니다.

밀을 비롯해서 부르주아 정치경제학자들은 이런 식으로 자본주의적 생산이 존재하지 않았던 시대에서도 자본주의를 보았습니다. 언제 어디서나 자본주의를 목격했습니다. 시각적 기만에 빠져 과거 사회형태들을 제멋대로 본 것이지요. 이는 역설적으로 그들이 자기 시대 즉 자본주의에 대해서도 제대로 알지 못한다는 것을 말해줍니다. 자기 시대가 얼마나 독특한지를 모르기 때문에 다른 시대 속에서도 자기 시대를 보는 것이지요. 발상의 전환만으로 노동자를 자본가로, 농민을 노예로 만든다는 것은 이들이 자본주의가 무엇인지, 노예제가 무엇인지를 실상은 전혀 모르고 있다는 뜻입니다.

마르크스는 밀의 추론이 바로 그렇다고 지적합니다. "실제 현실에서 노동자는 자신의 노동을 1주일간 무상으로 선대하고 주말에 그 시장가격을 받는다. 그런데 밀에 따르면 이것이 노동자를 자본가로 만든다!" 너무 어이가 없어서 마르크스는 느낌표까지 찍었습니다. 이것이 당대의 위대한 지성, 높이 추앙받는 지성의 말입니다. 마르크스는 밀의 지적인 높이에 대한 감탄에서 당대 부르주아지의 지적인 키를 짐작합니다. "낮은 평지에서는 그저 한 무더기의 흙도 언덕처럼 보이게 마련이다. 오늘날 부르주아지의 천박함[낮고 평평함]은 그들의 '위대한 지성'(großen Geister)을 척도로 삼아 재어볼 수 있을 것이다."[김, 701; 강, 712]

3

커져가는 계급 격차

———

노동력의 가격과 잉여가치의 크기

노동일처럼 노동력의 가격에도
과학 너머의 요소인 힘
즉 계급투쟁이 개입합니다.
노동일과 노동력의 가격 모두 잉여가치의 크기에
중대한 영향을 미치는 요소들인데요.
계급 간 힘 관계가 어떻게 되느냐에 따라
값이 달라집니다.
마르크스가 노동력의 가격이
노동력의 가치 이상이 될 때도 있다고
전제할 수 있는 것은
노동자들의 저항이 현실적으로 존재하기 때문입니다.
말하자면 여기에는
노동자계급의 힘이 전제되어 있습니다.

케테 콜비츠, 《직조공들》 연작 중 〈모의〉, 1893~1897.
마르크스의 분노를 뒤집어보면 부르주아 경제학자들의 공포를 읽을 수 있다.
왜 부르주아 경제학자들은 잉여가치의 원천을 따지고 싶어하지 않는가.
거기에 괴물이 있기 때문이다. 바닥을 너무 깊이 파고들면 심연이 열릴 수 있다.
그리고 심연에는 괴물이 산다.

『자본』제15장(영어판 제17장)은 제목이 좀 묘합니다. "노동력의 가격과 잉여가치의 양적 변동"인데요. 가격과 가치를 나란히 썼습니다. '노동력의 가치와 잉여가치'라고 하든지, '노동력의 가격과 이윤'이라고 하든지 해야 할 것 같은데 말이지요. 제5편 제목이 "절대적·상대적 잉여가치의 생산"이기도 하고, 『자본』 전체로도 '가치'를 기준으로 자본의 운동을 설명하고 있기 때문에 '노동력의 가치'라고 쓰는 편이 나아 보입니다. 실제로 제15장 본문에서 마르크스는 '노동력의 가치'라는 말을 많이 씁니다.

◦ 마르크스의 『자본』은, 흐르는 강물처럼

제목을 잘못 쓴 걸까요. 그런 것 같지는 않습니다. 제15장 본문을 읽어보면 그가 '노동력의 가치'를 기준으로 이야기하면서도 이보다 높거나 낮은 '노동력의 가격'에 대해 빈번하게 언급하고 있음을 확인할 수 있습니다. 제15장으로 한정한다면 '노동력의 가치'라는 말로도 충분할 것 같은데 마르크스가 일부러 '노동력의 가격'이라는 말을 많이 노출시킨다는 인상을 받습니다. 제목에 '노동력의 가격'이라는 말을 넣은 것이 실수가 아니라 의도라는 것이지요.

어떤 의도가 있을까요. 책장을 뒤로 넘겨 제6편 제목을 볼까요. 제6편은 "임금" 편입니다. 그리고 제6편의 첫 장인 제17장(영어판 제19장)의 제목은 '노동력의 가치 또는 가격의 임금으로의 전화'입니다(임금을 '노동력의 가격'이라고 본다면 사실 이 제17장의 제목도 이상합니다. '가치와 가격'을 한편으로 묶고 이것이 '임금'으로 바뀐다고 했으니까요. 그 이유는 나중에 제17장을 다루며 이야기하겠습니다). 언젠가도 말했지만『자본』에서는 순서가 중요합니다. 물 흐르듯 논리가 펼쳐지지요. 하나의 주제는 항상 지나간 주제와 도래하는 주제 사이에 있습니다. 앞의 것이 펼쳐져 뒤의 것에 이르고, 뒤의 것은 앞의 것을 잡고 따라 나오는 식입니다.

질 들뢰즈(Gilles Deleuze)는 스피노자의『에티카』에 대해 "때로는 빠르게 때로는 느리게 흐르는 강"이라고 말했는데요.[39] 주어진 현상에서 출발해, 빠른 속도로 그것을 발생시킨 근거를 찾은 뒤 어떻게 그런 현상이 산출되었는지를 천천히 펼쳐 보여준다는 겁니다(마르크스가『자본』을 서술하는 방법 또한 그렇습니다.『마르크스의 특별한 눈』, 16~21쪽). 나 역시『자본』을 읽을 때 동일한 느낌을 받았습니다.『자본』은 굳건히 서 있는 건축물보다는 흐르는 강물처럼 대하는 것이 좋습니다. 산출과 이행 속에서 텍스트를 읽는 것이지요. 뒤에 나올 것을 예감하면서 앞의 것을 읽어가는 겁니다.

실제로『자본』에서 마르크스는 앞에 나온 이야기들을 다시 정리하고, 뒤에서 나올 이야기들을 단서처럼 미리 흘려두곤 합니다. 때로는 제15장 제목에서 보는 것처럼 용어상의 변화를 줌으로써, 때로는 제8장 끝부분에서 노동과정에 대한 통제와 생산수단의 기능에 대해 말할 때처럼 뉘앙스에 변화를 줌으로써 그렇게 하지요(『공포의 집』, 187~189쪽). 개념들에도 등장 순서가 있습니다. 가치, 잉여가치, 자본, 불변자본과 가변자본, 절대적 잉여가치, 상대적 잉여가치 등등. 앞의 개념을 이해하는 것이 뒤에 나올 개념을 이해하는 준비가 됩니다.

다시 '노동력의 가격'이라는 용어로 돌아가서요, 한편으로 제5편은 제3편과 제4편의 잉여가치 생산에 대한 논의와 연결되어 있습니다. 자본주의에서 생산적 노동이란 잉여가치를 낳는 노동입니다. 그리고 잉여가치의 정체는 우리가 잘 알고 있는 것처럼 '잉여노동'입니다. 잉여노동이란 노동력의 가치에 해당하는 필요노동 이상으로 행해진 노동입니다. 제5편(특히 제15장)에서 마르크스는 제3편과 제4편에 나왔던 잉여가치의 생산방식들을 종합적으로 검토합니다. 노동일과 노동생산력, 노동강도 등에서 나타난 변화가 노동력의 가치와 잉여가치의 상대적 크기를 어떻게 변화시키는지 확인하지요. 독자로서는 앞 내용을 복습하고 정리하는 기회가 될 겁니다.

그러나 다른 한편으로 제5편은 제6편에 대한 예고이기도 합니다. 우리는 제6편에서 몇 가지 임금형태들을 검토할 텐데요. 우리는 자본주의에서 왜 그런 임금형태들이 나타나게 되는지를 예감케 하는 문장들을 제5편에서 만날 수 있습니다. 즉 노동일 연장이나 노동생산력, 노동강도의 증대가 잉여가치의 생산에 미치는 영향만이 아니라 노동력의 가치에 미치는 영향에 대해서도 조사합니다.

물론 제3편과 제4편에서도 마르크스는 노동력의 가치에 대해 이야기했습니다. 제3편에서는 노동일의 변화에도 불구하고 노동력의 가치는 그대로라고 가정했지요. 그리고 제4편에서는 노동생산력의 변화에 따라 노동력의 가치가 떨어진다고 했고요. 하지만 노동력의 가치에 대한 이때의 언급들은 '잉여가치 생산'에만 초점을 맞춘 것입니다. 이제 제5편(제15장)에서는 노동일, 노동생산력, 노동강도의 변화가 노동력의 가치(가격)의 크기를 어떻게 변화시키는지에도 초점을 둡니다.

언뜻 보면 제3편이나 제4편에서 말한 내용을 반복하는 것 같은데 강세가 노동력의 가치(가격) 쪽으로 이동하고 있다고 할까요. 제5편의 제15장을 통해 우리는 노동자들이 받는 임금이 적정한지를 생각하게 됩니다. 자본가들이 챙겨 가는 잉여가치의 크기와 노동자들이 받는 임금의 상대적 크기도 비교하게 되고요. 그 덕분에 우리는 임금에 대한 자본가의 여러 술책들을 제6편에서 쉽게 간파할 수 있습니다. 겉보기에는 노동력의 가치를 제대로 지불한 것 같지만 실제로는 눈속임에 불과하다는 걸 알게 되지요.

이처럼 『자본』은 독자로 하여금 텍스트를 읽어가는 과정에서 다음 단계, 다음 주제를 준비할 수 있게 해줍니다. 앞의 내용을 종합하면서 동시에 뒤의 내용을 예감하게 해주죠. 제15장의 제목과 내용에서 나는 이 점을 다시 한번 느꼈습니다.

◦ '노동력의 가치'와 '잉여가치'에 영향을 주는 세 가지 요인

자본주의에서 자본가의 최대 관심이 잉여가치에 있다는 건 두말할 필요가 없습니다. 그런데 잉여가치란 노동력의 가치

와 노동자가 생산한 가치의 차이입니다. 노동자가 노동력의 가치 이상으로 생산한 가치이지요. 결국 잉여가치의 크기는 자본가가 노동자에게 지불한 것에 비해 얼마나 뽑아내느냐에 달렸다고 할 수 있습니다(잉여가치율).

'노동력의 가치(가격)'와 '잉여가치'의 상대적 크기를 변화시키는 세 가지 요인이 있는데요.[김, 703; 강, 714] 앞서 말한 것들입니다. 하나는 노동일의 길이입니다. 전체 노동시간을 늘리면 잉여노동시간이 늘어날 수밖에 없습니다. 다른 하나는 노동의 표준(normale) 강도입니다. 같은 시간을 일해도 작업속도가 높아지면 투입되는 노동량이 늘어나지요. 노동일의 길이가 노동시간을 얼마나 늘리느냐, 즉 노동의 '외연적 크기'(extensive Größe)에 해당한다면, 노동강도는 일정 시간 동안 투입되는 노동의 '내포적 크기'(강도, intensive Größe)에 해당합니다. 마지막 하나는 노동생산력입니다. 노동생산력은 일정 시간 동안 산출하는 생산물의 크기를 나타내는데요. 노동생산력이 높아지면 노동력의 가치가 떨어집니다.

그런데 엄밀히 하자면 노동력의 가치(가격)와 잉여가치의 크기가 이 세 가지 요인에 의해서만 결정된다고는 말할 수 없습니다. 노동력의 가치와 관련해서 보자면, 노동생산력 증대가 노동력의 가치를 떨어뜨린다고 말한 것은 다음과 같은 이유였습니다. 노동력의 가치는 평균적 노동자가 필요로 하는 생활수단들의 가치로 측정합니다. 시대와 환경에 따라 노동자들이 필요로 하는 생활수단의 종류와 내용이 달라지기는 합니다만 일정한 시기와 일정한 사회에서 생활수단의 종류와 양은 대체로 정해져 있지요. 변화하는 것은 생활수단들의 가치뿐입니다. 노동생산력이 증대하면 이 생활수단들의 가치가 떨어지기 때문에 노동력의 가치가 떨어지는 것이라고 말할 수 있습니다.

하지만 마르크스가 지적하듯 여기에는 고려해야 할 것이 있습니다.[김, 702; 강, 713] 생산방식이 바뀌고 산업형태가 바뀜에 따라 노동력을 육성하고 재생산하는 비용이 달라질 테니까요. 단순 육체노동이 지배적인 생산형태와 자동화된 기계제 생산이 지배적인 생산형태에서 필요한 노동력은 다릅니다. 다음 세대의 노동자들이 받아야 할 교육 내용이 달라지고 여기에 드는 비용이 현재 노동력의 가치에 영향을 미칩니다. 그뿐 아니라 노동력의 가치는 성별이나 연령에 따라 달라질 수 있는데요. "기계제 대공업" 장에서 본 것처럼, 여성노동과 아동노동의 등장은 성인 남성 노동력의 가치에도 큰 영향을 줍니다(『자본의 꿈 기계의 꿈』, 61쪽). 마르크스는 이런 요인들의 영향을 아래 논의에서는 고려하지 않았다고 밝혔습니다.

또한 논의를 세 가지 요인의 변동에만 한정하려면 전제해야 할 것이 있습니다. 이 세 가지 요인의 변동과 관련 없이 노동력의 가격이 노동력의 가치 이하로 떨어지는 일이 있어서는 안 됩니다. 이를테면 노동력의 대규모 공급은 노동력의 가격을 노동력의 가치 이하로 크게 떨어뜨릴 수 있지요. 이렇게 되면 자본가는 상당한 크기의 잉여가치(이윤)를 얻을 수 있습니다. 노동력의 가격과 잉여가치의 상대적 크기가 크게 벌어집니다.

이런 점 때문인지 마르크스는 논의를 전개하기 전에 두 가지를 전제했습니다.[김, 702; 강, 713] 첫째, 상품은 가치대로 판매된다는 겁니다. 상품교환의 기본법칙인 등가교환을 확인해두는 거죠. 둘째, "노동력의 가격은 그 가치보다 높아질 수는 있어도 결코 그 가치보다 낮아지지는 않는다"라는 겁니다. 그런데 이 두 번째 전제가 조금 이상합니다. 한편으로는 굳이 전제할 필요가 없다는 점에서 그렇습니다. 첫 번째 전제 즉 상품의 등가교환에는 노동력의 가치에 대한 정당한 지불이 이미 포함되어 있으니까요(노동력도 '상품'이니까요). 다른 한편으로는 '가치대로 지불'된다고 하지 않고, "높아질 수는 있지만 낮아지지는 않"는다고 표현했다는 점에서 그렇습니다. 노동력의 가치보다 높게 지불되는 경우는 고려하지만 낮게 지불되는 경우는 고려하지 않는다는 겁니다(현실이 그렇다는 게 아니라 논의를 위해 이렇게 전제한다는 것이지요).

왜 이런 전제가 필요할까요. 그리고 이것이 현실적으로 성립할 수 있을까요. 먼저 전자와 관련해, 나는 이렇게 생각합니다. 조금 전에 말한 것처럼 노동력의 가격이 노동력의 가치 이하로 지불되지 않는다고 전제했을 때에만 잉여가치의 크기를 규정하는 요인을 위에서 말한 세 가지로 한정할 수 있습니다. 노동력의 가격과 잉여가치의 상대적 크기 변동을 고려할 때 세 가지 요인 외에 부당한 착취가 영향을 미치는 부분을 제외하려는 거죠.

　그럼 노동력의 가치보다 높게 지불되는 경우를 고려하는 것은 왜일까요. 곧이어 보겠지만 마르크스는 세 가지 요인의 변동을 고려할 때 몇몇 경우에서는 자본가가 노동력의 가치보다 더 높은 가격을 지불해도 잉여가치는 그보다 더 커질 수 있음을 보이려고 합니다(반드시 그렇게 된다는 게 아니라 그런 일도 있을 수 있다는 겁니다). 상대적 격차가 더 커진 것이지요. 그뿐 아니라 노동력의 가치를 자본가가 명목상으로는 정당하게 지불한 경우에도, 심지어는 그 이상을 지불한 경우에도, 실제로는 정당한 지불이 아닐 수도 있습니다(이에 대해서는 뒤에 자세히 다루겠습니다). '노동력의 가치 이상으로 지불될 수도 있다'라는 전제 내지 가정은 이런 경우들을 분석할 때 아주 유용합니다.

　문제는 이 전제가 현실적으로도 성립할 수 있는가 하는 겁니다. 왜냐하면 자본가로서는 노동력의 가격을 그 가치보다 높게 책정해야 할 이유가 없으니까요. 노동력의 가격을 높게 책정해도 잉여가치를 더 늘릴 수 있는 길이 있다고는 하지만, 노동력의 가격을 높게 책정하지 않으면 자본가에게 더 많은 잉여가치가 생길 텐데 굳이 그럴 필요가 있을까요. 현실적으로도 노동력의 가격을 가치보다 높이 책정하지 않는 경우가 더 많을 겁니다. 우리는 제3편과 제4편에서 임금이 노동력의 재생산은 고사하고 생존 자체가 불가능한 수준까지 떨어지는 사례들을 많이 보았습니다. 마르크스가 이 점을 모르지 않을 텐데, 그럼에도 이것을 현실적으로 전제할 수 있다고 본 것은 왜일까요.

우리는 본문에서 그 이유를 짐작할 만한 부분을 찾을 수 있습니다. 마르크스는 노동생산력의 상승으로 노동력의 가치와 잉여가치의 크기가 어떻게 변동하는지를 분석하면서 이런 말을 합니다. 노동생산력이 상승해 노동력의 가치가 4실링에서 3실링으로(또는 필요노동시간이 8시간에서 6시간으로) 떨어져도 노동력의 가격이 그렇게 떨어지지는 않을 거라고요. 아마도 3실링 8펜스나 3실링 6펜스, 어쩌면 3실링 2펜스 정도가 될 거라고 했습니다. 자본가가 챙겨 가는 잉여가치가 늘어나기는 하지만 노동력의 가치가 하락한 만큼이 되지는 않는다는 것이지요. 그가 제시한 것은 과학적 '근거'가 아니라 '힘'입니다. 노동자들이 가만있지 않을 거라고 했지요. "노동력의 가격 하락 정도(최저 한계는 3실링이다)는 저울대 한편의 자본의 압력과 다른 한편의 노동자들의 저항 가운데 어느 쪽이 상대적으로 더 무거운가에 달려 있다."[김, 706; 강, 717]

저울 눈금이 어디를 가리킬지는 힘에 달려 있다. 어디선가 들어본 이야기입니다. 바로 노동일에 관한 장에서 나온 이야기죠. 자본주의에서 노동일의 최저 한계는 필요노동시간입니다. 노동일이 그보다 짧으면 잉여가치가 생기지 않습니다. 그렇다면 노동일은 얼마만큼 늘릴 수 있을까요. 정해진 답은 없습니다. 마르크스는 이렇게 말했습니다. "힘이 사태를 결정"한다고요. "총자본가 즉 자본가계급과 총노동자 즉 노동자계급 사이의 투쟁"이 결정한다고 말이지요. 노동일은 12시간도 될 수 있고, 10시간 또는 8시간도 될 수 있습니다(『공포의 집』, 39쪽).

그런데 마르크스는 지금 노동력의 가격에 대해서도 비슷한 이야기를 하고 있습니다. 노동력의 가격이 가치 이하로 떨어지는 경우는 논의에서 제외하겠다고. 그래서 노동력 가격의 최저 한계는 노동력의 가치로 설정하겠다고. 그러나 때때로 노동력의 가격은 그보다 높을 거라고. 3실링 8펜스도 될 수 있고 3실링 2펜스도 될 수 있다고. 얼마나 높아질지 그리고 그런 일이 얼마나 자주 일어날지는 노동자계급의 힘에 달려 있다고.

노동일처럼 노동력의 가격에도 과학 너머의 요소인 힘 즉 계급투쟁이 개입합니다. 노동일과 노동력의 가격 모두 잉여가치의 크기에 중대한 영향을 미치는 요소들인데요. 계급 간 힘 관계가 어떻게 되느냐에 따라 값이 달라집니다. 마르크스가 노동력의 가격이 노동력의 가치 이상이 될 때도 있다고 전제할 수 있는 것은 노동자들의 저항이 현실적으로 존재하기 때문입니다. 말하자면 여기에는 노동자계급의 힘이 전제되어 있습니다. 이 점에서 두 번째 전제는 상품의 등가교환이라는 첫 번째 전제와 다릅니다.

그럼 이제부터 앞서 말한 세 가지 요인에 따라 노동력의 가격과 잉여가치의 상대적 크기가 어떻게 변하는지 살펴보겠습니다. 세 가지 요인에다 각각 증가·감소·불변인 경우를 상정해야 하므로 논리적으로는 모두 스물일곱 가지 조합이 가능합니다. 그러나 마르크스는 "주요한 조합들에 대해서만" 고찰하겠다고 말합니다. 왜 그가 이런 조합들을 선택했는지는 각각의 경우를 설명하면서 이야기하겠습니다.

○ 잉여가치의 '상대적 크기'는 어떻게 달라지는가
○노동일의 길이와 노동강도는 불변이고 노동생산력이 변하는 경우
──마르크스가 검토하는 첫 번째 경우는 노동일의 길이와 노동강도가 불변인 조건에서 노동생산력만 변하는 경우입니다. 이때 노동력의 가치와 잉여가치는 어떻게 될까요. 마르크스는 세 가지 법칙이 작용해 이를 규정한다고 말합니다.

첫 번째 법칙은 일정한 길이의 노동일은 그것으로 표현되는 생산물의 양이 어떻든 동일한 가치(동일한 가치생산물)를 창출한다는 겁니다.[김, 703; 강, 714] 노동생산력에 따라 1노동일에 해당하는 생산물의 양이 달라질 수는 있지만 1노동일에는 1노동일의 가치가 생산되지요.

사실 이 첫 번째 법칙은 '법칙'이라고 할 것도 없습니다. '1노동시간 동안 1노동시간의 가치가 생산된다'라는 말과 같으니까요. '1미터의 길이는 1미터'라고 말하는 것처럼 동어반복입니다. 그럼 왜 이런 당연한 사실을 굳이 말하는 걸까요. 이게 당연하지 않은 경우가 있거든요. 노동강도가 변하는 경우죠. 엄밀히 말하자면 상품의 가치는 그 상품의 생산에 사회적으로 필요한 '노동량'입니다. 동일 노동시간을 동일 가치량

으로 받아들이는 것은 시간이 같으면 투여된 노동량도 같다고 간주하기 때문입니다. 그런데 노동강도가 높아지면 똑같은 1시간이어도 노동량이 더 투여됩니다. 따라서 동일한 노동시간에 동일한 가치가 창출된다는 첫 번째 법칙은 '노동강도가 불변'임을 전제한 첫 번째 조합에서만 통용될 수 있지요.

두 번째 법칙은 노동력의 가치와 잉여가치는 반대 방향으로 변한다는 겁니다.[김, 703; 강, 715] 노동력의 가치가 늘어나면 잉여가치가 줄어들고 반대로 노동력의 가치가 줄어들면 잉여가치가 늘어나지요. 이것도 당연합니다. 노동일은 필요노동시간과 잉여노동시간의 합, 즉 노동력의 가치와 잉여가치의 합으로 이루어져 있습니다. 그러므로 합을 이루는 한쪽 항이 줄어들면 다른 쪽 항은 늘어나게 되어 있죠. 한쪽 항을 변화시키지 않고 다른 쪽 항을 변화시킬 방법이 없습니다. 둘 모두 감소하거나 둘 모두 증가하게 만들 수는 없습니다.

물론 이 법칙도 아무 때나 성립하는 것은 아닙니다. 노동일의 길이가 일정하다는 전제가 있어야 합니다. 노동일을 늘릴 수 있다면 필요노동시간을 그대로 둔 채로 잉여노동시간을 늘릴 수 있겠지요. 이 법칙이 여기서 통용될 수 있는 것은 노동일의 길이가 불변이라고 전제했기 때문입니다.

노동일이 불변이라면 노동력의 가치(필요노동시간)와 잉여가치(잉여노동시간)의 합이 일정하겠지요. 그리고 합이 일정하면 한쪽이 줄어드는 바로 그만큼 다른 쪽은 늘어날 겁니다. 만약 노동자의 생활수단을 생산하는 분야의 노동생산력이 증대한다면 노동력의 가치는 떨어집니다. 노동력의 가치가 떨어지면 그만큼 잉여가치는 늘어나겠지요. 둘의 변동 크기는 정확히 같습니다. 이를테면 노동생산력이 높아져 노동력의 가치가 8시간(4실링)에서 6시간(3실링)으로 떨어지면, 잉여가치는 4시간(2실링)에서 6시간(3실링)으로 늘어납니다. 노동력의 가치가 2시간 줄어든 만큼 잉여가치가 2시간 늘어납니다. 물론 변동의 크기가 같다고 변동 비율까지 같은 건 아닙니다. 노동력의 가치는 8시간에서 6시간으로 25퍼센트 감소했지만 잉여가치는 4시간에서 6시간으로 50퍼센트 증가했다고 할 수 있지요.[김, 705; 강, 716]

세 번째 법칙은 노동력 가치의 증감이 잉여가치 증감의 원인이지 그 반대는 아니라는 겁니다.[김, 705; 강, 716] 이 법칙도 항상 성립하는 것은 아니고 노동일 길이의 불변을 전제할 때 이야기입니다. 노동일을 강제로 늘릴 수 있다면 잉여가치의 증가는 노동력 가치의 증감과 무관하게 이루어질 수 있습니다. 그런데 우리가 노동일의 길이와 노동강도의 불변을 전제한다면 노동력의 가치와 잉여가치의 크기에 영향을 미칠 수 있는 요인은 노동생산력뿐이지요. 노동생산력은 노동력의 가치를 변화시킵니다. 그리고 노동력 가치의 변동이 잉여가치의 변동을 낳습니다.

노동력의 가치 변동은 잉여가치의 크기를 얼마만큼 변화시킬까요. 두 번째 법칙에 따르자면 노동력의 가치가 줄어든 만큼 잉여가치가 늘어날 겁니다. 그런데 앞서 말한 것처럼 마르크스는 노동력의 가격이 가치 이하로 떨어지지는 않을 거라고, 심지어 그 이상을 받을 수도 있다고 전제했습니다. 노동자들이 얼마나 저항하느냐에 따라 그 값이 달라진다고요.[김, 706; 강, 717] 만약 노동력의 가치와 가격을 구분해서 말할 것이라면, 잉여가치의 크기는 노동력의 가치가 아니라 가격이 하락하는 만큼만 증가할 것이라고 해야 합니다.

왜 이런 불편한 가정을 하느냐고요? 노동생산력의 증대가 노동력의 가치를 저하시키고 그만큼 잉여가치를 늘린다고 해도 충분할 텐데 왜 노동력 가격을 언급해서 잉여가치의 크기를 수정할까요. 그 한 가지 이유는 앞서 말했습니다. 뒤에 나올 "임금" 편을 염두에 두고 있기 때문이라고. 하지만 또 다른 이유가 있지요. 이번 장을 시작하면서 마르크스가 제시했던 두 번째 전제가 있었습니다. 노동력의 가격이 가치보다 높아질 수 있다는 전제 말입니다. 현실적으로 자주 일어나는 일은 아니더라도, 이것을 전제하고서 마르크스가 하고 싶은 말이 있는 것이지요.

자본주의의 발전과 더불어 노동생산력은 크게 증대해왔습니다. 작업방식도 효율화되고 기술혁신으로 노동수단(기계)도 크게 개선되었으니까요. 마르크스가 검토하는 첫 번째 경우가 여기에 해당합니다. 노동생산력의 증대가 노동력의 가격과 잉여가치의 상대적 크기에 어떤 영향을 미치는지 말입니다. 그런데 마르크스는 이 조건에서 노동력의 가격이 그 가치 이상으로 높아지는 경우까지 상정했습니다. 노동생산력이 높아짐과 더불어 노동자들의 임금이 가치 이상으로 오르는 경우까지 고려하는 거죠.

그러면 어떻게 될까. 노동생산력이 상승하면 노동력의 가치는 떨어집니다. 노동생산력이 높아지면 노동자들이 필요로 하는 생활수단들이 더 값싸게 공급되니까요. 유의할 것은 노동력의 가치가 떨어진다고 해도 노동자들의 생활수준이 떨어지는 것은 아니라는 사실입니다. 생활수단의 가치만 떨어진 것이지 양은 그대로니까요. 생활수단의 양을 기준으로 한다면 심지어 생산력이 증대하면서 생활수준이 나아질 수도 있습니다. 물자가 더 풍족해지니까요.

만약 노동생산력이 증대했는데도 노동자와 자본가가 나누는 가치생산물의 상대적 비중, 다시 말해 노동력의 가격과 잉여가치의 분할이 그대로 유지된다면 어떻게 될까요. 이를테면 노동력의 가치가 3실링(6시간), 잉여가치가 3실링(6시간)이었는데 노동생산력이 두 배로 늘어났음에도 이 분할 비율이 유지된다고 해봅시다. 그럼 어떻게 될까요. 일단 3실링(6시간)에 해당하는 생산물의 양은 두 배로 늘어납니다. 노동자는 3실링으로 이전에 비해 두 배나 되는 물건을 구입할 수 있습니다(물론 자본가도 3실링으로 이전에 비해 두 배나 되는 생산수단을 구입할 수 있고요). 이 경우 노동력의 가격은 여전히 3실링이지만 실제로는 노동력의 가치보다 높습니다. 3실링의 위력이 더 세져서, 즉 3실링으로 살 수 있는 물건이 많아져서가 아닙니다(물론 간접적으로는 관련이 있습니다만). 노동생산력 증대로 노동자들의 생활수단 가치가 떨어져서 노동력의 가치가 떨어졌기 때문입니다. 이런 상황에서 노동력의 가격이 이전과 똑같이 유지된다면 실제로는 가치 이상으로 오른 셈이라고 할 수 있습니다.[김, 707; 강, 717]

물론 자본가가 이걸 용납하지는 않을 겁니다. 노동력의 가격을 실제 가치 수준으로 낮추려고 하겠지요. 그래야 노동생산력 증대로 인한 모든 이익이 자신에게 돌아올 테니까요. 노동생산력이 크게 증대해 만약 노동력의 가치가 6시간에서 3시간으로 떨어졌다면 자본가는 3시간만큼만 지불하려 할 겁니다. 화폐로 표시하면 1.5실링이 노동력의 정당한 가격입니다(첫 번째 전제인 상품의 등가교환 법칙에 합당하지요).

그러나 마르크스는 노동자들의 저항을 가정했습니다(두 번째 전제). 그래서 노동력의 가치를 화폐로 표현한 가격인 1.5실링보다는 높은 가격을 받아낼 수 있다고 했습니다. 이를테면 2실링을 받아냈다고 해봅시다. 이렇게 되면 노동력의 가격이 실제 노동력의 가치보다 높기 때문에 더 많은 생활수단을 확보할 수 있습니다. 노동력 생산에 필요한 양을 넘어서 임금을 받기 때문에 약간의 저축도 가능할지 모르겠습니다. 노동자들의 저항의 결과이든 자본가의 유인책이든, 노동생산력의 상승에는 노동자들의 생활수준 향상(그리고 어쩌면 약간의 저축)의 가능성이 있기는 합니다. 그리고 실제로 자본주의의 어떤 시기에는 노동생산력 증대와 실질임금 상승이 함께 나타난 경우도 있습니다(『거인으로 일하고 난쟁이로 지불받다』,

50~51쪽).

하지만 이런 경우에도 노동력의 가격과 잉여가치의 크기를 비교해보면 그 격차는 확대될 수 있습니다. 노동생산력 증대(와 노동자들의 저항)의 결과로 노동자의 생활수단의 양이 증대하는 경우에도, 심지어 노동력의 가치 이상으로 임금을 지급받는 경우에도 노동일 중 '노동력의 가격'이 차지하는 비중은 줄어드는 겁니다. 그만큼 잉여가치는 더 늘어나고요. 증가한 잉여가치의 일부를 노동자에게 떡고물처럼 떼어 주어도 자본가는 그보다도 더 많이 가져가기 때문에 두 계급 간 격차가 더욱 확대되는 것이지요.[김, 707; 강, 718]

나는 이것이 마르크스가 세 가지 요인에 따른 스물일곱 가지의 가능한 조합 가운데 이 경우를 선택한 이유라고 생각합니다. 노동일의 길이가 일정하고 노동강도가 그대로여서, 노동력의 추가 지출 없이 노동생산력이 증대하여 물자가 풍족해진다 해도, 심지어 노동자들의 집단적 저항이 거세 노동력의 가치 이상으로 노동력의 가격을 인정받아 임금으로 지급받는다 해도, 두 계급의 격차는 더욱 커진다는 것을 보여주고 싶었던 것이지요[참고로 제15장의 제목 "노동력의 가격과 잉여가치의 양적 변동"은 각각의 '양적 변동'(크기 변동, Größenwechsel)을 다루는 게 아니라 '상대적 크기 변동'(relativen Größenwechsel)을 다룬다는 뜻입니다].

그런데 마르크스가 첫 번째 경우를 선택한 데는 다른 이유도 있는 것 같습니다. 사실 이 첫 번째 경우는 리카도가 자본주의에서는 일반적인 경우라고 간주하는 상황이기도 합니다. 마르크스에 따르면 리카도는 "노동일의 길이와 노동강도가 변동한다는 사실을 인식하지 못했기 때문에 노동생산성만을 유일한 변동 요인으로 간주"하였습니다.[김, 707; 강, 718] 조금 전에 제시한 세 가지 법칙을 정식화한 것도 리카도입니다(마르크스는 이 점에서 리카도의 공적을 인정합니다).

그렇다면 무엇이 문제일까요. 방금 말한 것처럼 리카도는 이를 자본주의의 일반적 경우로 간주했다는 겁니다. 현실적으로 가능한 여러 조합들 가운데 가능한 하나의 조합일 뿐인데도 말이지요. 리카도가 정식화한 세 가지 법칙은 첫 번째 경우, 즉 "특수한 조건들"에서만 통용되는 법칙입니다. [김, 707; 강, 718]

그리고 리카도는 잉여가치를 그 자체로 연구한 적이 없습니다. 이 점은 내가 이전에 마르크스의 '자본' 개념을 처음 소개할 때도 언급한 바 있습니다. 사실 고전경제학자들 특히 리카도는 자본을 규정하는 핵심 개념인 '잉여가치' 개념에 거의 도달했습니다(『성부와 성자』, 137~143쪽). 그런데도 왜 이르지 못했는가. 지성이 모자라서가 아닙니다. 관심이 없었지요. 흰 빌짝만 더 걸어갔어도, 아니 이미 손에 쥐고 있는 것을 눈여겨보기만 했어도 알 수 있었지만, 그렇게 하지 않았습니다. 마르크스의 말처럼 본능적으로 위험을 감지했기 때문이었는지도 모르겠습니다.[김, 698; 강, 709] 그 이유가 무엇이었든 간에 리카도는 잉여가치의 원천에 관심을 기울이지 않았고 잉여가치 개념을, 자본가의 이윤이나 지주의 지대를 포괄하는 자본주의적 부의 일반적 형태로서 연구할 생각도 하지 않았습니다.

바로 이런 결점 때문에 리카도는 잉여가치율과 이윤율을 혼동합니다. 한 생산과정에서 새로 생산된 가치의 총계, 즉 가치생산물은 가변자본(V)과 잉여가치(m)로만 이루어져 있지요. 불변자본인 생산수단의 가치(C)는 과거에 생산된 것이므로 가치생산물에 포함되지 않습니다. 잉여가치율은 가치생산물 중 가변자본과 잉여가치의 비율만을 표시합니다(m/V). 잉여가치율만이 잉여가치의 원천과 잉여가치를 뽑아낸 정도(착취도)를 정확히 나타냅니다. 이윤율에는 잉여가치율에 영향을 미치지 않는 요소인 불변자본이 들어 있습니다[$m/(C+V)$]. 그러니 잉여가치율과 이윤율은 다를 수밖에 없습니다. 자본의 가치 구성(가변자본과 불변자본의 비율)이 어떻게 되느냐에 따라 잉여가치율이 같아도 이윤율이 다를 수 있고, 이윤율이 같아도 잉여가치율이 다를 수 있습니다. 그런데 리카도는 둘의 차이를 알지 못하기 때문에 앞서 언급한 잉여가치율에 관한 법칙들을 이윤율에 관한 법칙들로 오인했습니다.[김, 708; 강, 718~719]

○노동일과 노동생산력이 불변이고 노동강도가 변하는 경우──이제 두 번째 경우를 살펴보겠습니다. 두 번째는 노동일의 길이와 노동생산력은 그대로이고 노동강도만 변하는 경우입니다.

쉽게 상상할 수 있는 것은 작업속도를 올리는 겁니다. 기계제 대공업에서는 작업 컨베이어벨트의 속도를 올림으로써 노동강도를 높일 수 있습니다. 노동강도가 올라가면 생산물의 양이 그만큼 늘어납니다.

생산량만 놓고 보면 노동생산력이 높아진 것과 같습니다. 하지만 중요한 차이가 있습니다. 첫 번째 경우처럼 노동생산력만 높아진 경우에는 전체 투입 노동량은 변하지 않고 개별 생산물에 담기는 노동량만 감소합니다. 즉 개별 생산물의 가치가 떨어지죠. 그런데 노동강도가 높아진 경우에는 투입 노동량도 같이 늘어납니다. 노동시간 즉 노동의 외연적 크기는 같아도 내포적 크기가 다르지요. 결과적으로 생산량이 늘어나지만 투입되는 노동량도 늘어난 것이기 때문에 생산물의 가치가 떨어지지 않습니다. 가치생산물(=생산된 가치량) 자체가 늘어난 거죠. 이 경우에는 가치량을 노동시간으로 나타낼 수 없습니다. 동일 시간에 더 많은 가치가 생산된 것이기에 시간으로는 이 변화를 표현할 수 없죠. 그래서 화폐로 가치량을 표시합니다.[김, 709; 강, 719]

이렇게 노동강도가 변한 경우 노동력의 가치와 잉여가치는 어떻게 될까요. 만약 필요노동시간과 잉여노동시간의 상대적 비율이 동일하게 유지된다면, 가치생산물이 늘어났으니 노동력의 가치와 잉여가치가 함께 늘어납니다. 통상적 노동강도에서는 12시간 노동일의 가치가 6실링이라고 해봅시다. 그런데 노동강도가 높아지면 똑같이 12시간을 일해도 가치가 더 많이 생산됩니다. 이를테면 12시간에 6실링이 아니라 8실링이 생산되지요. 잉여가치율(m/V)이 여전히 100퍼센트라면, 이전에는 노동력의 가치와 잉여가치가 각각 3실링이었지만 이제는 각각 4실링이 됩니다. 노동생산력만 증가한 첫 번째 경우에는 노동력의 가치가 줄어들었지만 노동강도가 증가한 두 번째 경우에는 잉여가치와 함께 노동력의 가치(노동력의 가격)도 늘어날 수 있습니다.

이처럼 노동생산력이 상승한 경우와 노동강도가 강화된 경우는 명백히 다르지만 '노동생산성' 향상이라는 말로 얼버무리고는 합니다. 일반적으로 노동생산성은 단위시간당 산출량을 의미합니다. 노동생산성이 높아졌다고 할 때는 노동생산력이 높아진 경우도 있지만 노동강도가 높아진 경우도 있습니다. 두 가지가 함께 작용한 경우도 있고요. 그런데도 두 경우를 잘 구분하지 않기 때문에, 그리고 대개는 노동생산성이라는 말로 뭉뚱그려 표현하기 때문에 노동강도의 문제가 은폐됩니다. 생산성 혁신의 성과로 알려진 예들 중 적지 않은 경우가 실제로는 노동강도를 높인 결과인데도 말이지요. 제프리 케이(Geoffrey Kay)에 따르면 2차 대전 이후 이룩한 진보들 중 상당수가 그렇습니다.[40]

노동강도는 노동생산력만큼이나 잉여가치 생산에 큰 기여를 합니다. 자본가는 노동생산력을 높임과 동시에 노동강도를 높이려는 노력을 멈추지 않습니다. 기술 수준이 동일하다면 노동강도를 높이는 편이 잉여가치 생산에 유리할 테니까요. 그래서 생산성을 높일 수 있는 획기적 기술이 발명되면 그 기술은 곧바로 노동강도를 높이는 새로운 바탕이 될 뿐입니다. 정운영이 이에 대해 잘 표현했습니다. "노동집약도(노동강도)의 상승에 의존한 잉여가치의 절대적 증대가 동반하는 폭력성은 생산성의 증가로 은폐되고, 반대로 생산성의 상승에 근거한 잉여가치의 상대적 증대 과정은 곧 노동집약도의 가속화에 의한 폭력이 부활되는 터전을 마련한다."[41]

우리 시리즈 7권에서 나는 마르크스가 노동생산력에 대해 말할 때 노동강도의 문제 또한 의식하는 것처럼 보인다고 했습니다. 특히 특별잉여가치를 낳는 '예외적으로 생산력이 높은 노동'에 대해서는 그가 '강화된 노동'으로 이해하고 있음을 강조했습니다(『거인으로 일하고 난쟁이로 지불받다』, 51~55쪽). 이론적으로는 노동생산력의 증대만으로도 상대적 잉여가치와 특별잉여가치의 생산을 충분히 설명할 수 있을 텐데요. 그는 그렇게 하지 않았습니다. 노동생산력 증대라고만 하면 '강화된 노동'의 문제가 감춰질 수 있음을 우려한 것이겠지요('강화된 노동'에는 작업속도를 높인 경우만이 아니라 더 고급의 능력, 더 복잡한 능력을 발휘한 경우도 포함됩니다). 특별잉여가치를 계산할 때도 그는 가치량 변화를 노동시간이 아니라 화폐로 나타냈습니다(『거인으로 일하고 난쟁이로 지불받다』, 54쪽). 이번에 검토한 경우와 똑같이 말했지요. 1노동일(12시간)의 가치가 6실링에서 8실링으로 늘어났다고요. 노동일이 늘어나지 않았음에도 가치생산물이 늘어난 거죠.

이번에는 명확히 노동생산력을 불변이라고 전제했으므로 노동강도의 효과가 선명합니다. 노동강도의 강화는 노동의 추가 투입에 해당합니다. 노동시간을 늘리진 않았지만 농도를 높였으니까요. 노동이 더 투입되었다는 것은 그것이 "외연적이든 내포적이든" 상관없이 "가치생산물의 양"이 절대적으로 증가한다는 뜻입니다. 그러니 동일 시간 노동이어도 더 큰 화폐로 표시해야 합니다.[김, 709~710; 강, 720]

그런데 강화된 노동강도가 산업 전반의 표준이 되면 이 효과는 사라집니다. 노동강도는 그것이 평균보다 높은 경우에만 잉여가치 생산에 기여합니다. 해당 기업의 노동강도가 평균에 비해 얼마나 높은지가 중요하지요. 그런데 새로운 노동강도가 사회적 평균이 되면 노동자가 이전보다 더 많이 노동하는 것은 틀림이 없지만 가치생산물을 늘리지는 않습니다.[김, 710; 강, 720] 해당 상품의 생산에 사회적으로 필요한 노동량만 지출한 꼴이 되지요. 이런 면에서는 노동 투입량이 절대적으로 늘어났음에도 불구하고 노동일을 연장하는 경우와는 다릅니다[참고로 특별잉여가치 개념에 대해 설명할 때 마르크스는 가치생산물의 양이 늘어났음에도 노동일이 일정한 조건에서 필요노동 대비 잉여노동이 증가하는 효과를 낸다는 의미에서 특별잉여가치를 상대적 잉여가치의 일종으로 파악했습니다.[김, 434~435; 강, 444~445] 하지만 노동생산력을 불변이라고 전제한 상태에서 노동강도의 강화만 고려하는 경우 자본가가 획득한 잉여가치에는 노동일 연장의 경우와는 다르지만(노동일의 변화 없이 필요노동과 잉여노동의 비율이 바뀐 것임에도 불구하고) 투입 노동량이 절대적으로 증대했다는 의미에서 절대적 잉여가치의 생산이라 부를 수 있는 측면이 존재합니다}.

정리하자면, 노동생산력과는 별개로 노동강도의 강화는 잉여가치를 증대시킵니다. 노동생산력이 증대한 경우에는 노동자들의 생활수단의 가치가 하락함으로써 잉여가치가 증대했습니다만, 노동강도가 강화된 경우에는 생산물이 늘어나도 그만큼의 노동이 추가 투입되므로 생산물의 가치가 떨어지지 않습니다. 노동력의 가치도 떨어지지 않지요. 오히려 앞서 말한 것처럼 필요노동과 잉여노동의 비율을 유지한다면 잉여가치와 함께 노동력의 가격도 오를 수 있습니다. 잉여가치와 노동력 가격이 똑같은 비율로 오르지는 않을지라도 노동력의 가격은 오를 수 있습니다.

그런데 여기 중요한 문제가 있습니다. 나는 마르크스가 두 번째 경우를 분석 대상으로 선택한 중요한 이유가 이것이라고 봅니다. 방금 노동강도의 강화와 더불어 노동력의 가격 상승이 나타날 수 있다고 했는데요. 이 경우 자본가는 정말로 자신의 노동자에게 노동력의 가치 이상으로 가격을 지불하는 걸까요? 마르크스는 "노동력의 가격이 상승하더라도 그 가격이 가치 이하로 하락할 수도 있다"라고 말합니다.[김, 709; 강, 720] 노동강도가 올라가면 노동력의 재생산비용도 올라갑니다. 노동강도가 올라갔다는 것은 그만큼 노동력이 더 소모되었다는 뜻이니까요. 그런데 이렇게 소모된 노동력(생명력)을 충분히 다시 채워주지 못한다면 설령 노동력의 가격이 올랐다고 해도 실제로는 노동력의 가치에 미달하는 것입니다.

이 점은 논의를 시작하기 전 마르크스가 전제한 사항과 상충하는 것처럼 보이죠. 왜냐면 그는 노동력의 가격은 그 가치보다 "때때로 높아질 수는 있지만 낮아지지는 않는다"라고 했으니까요. 사실 형식적으로는 이 전제를 어기지 않았습니다. 노동강도가 높은 업체는 노동력의 가격이 동종 업체에 비해 높을 테니까요(동종 업체들을 기준으로 했을 때의 노동력의 가치보다 높겠지요). 그러나 노동력의 재생산이라는 점에서 보면 해당 업체의 노동자들은 자기 노동력의 가치보다는 적게 받고 있을 수도 있습니다. 다른 업체의 노동자들보다는 높지만 자기 노동력의 가치보다는 낮다고 할 수 있지요. 빛 좋은 개살구라고 할까요. 남들 보기에는 높은 보수를 받지만 실제로는 그 이상의 착취를 당하고 있을 수 있습니다.

○노동생산력과 노동강도는 불변이고 노동일이 변하는 경우──세 번째는 노동일만 변하는 경우인데요, 마르크스는 노동일이 줄어드는 경우와 늘어나는 경우를 모두 다룹니다. 앞의 두 경우와는 다른 거죠. 앞서 두 경우에서는 각각 노동생산력과 노동강도가 '증가하는 것'만 다루었지요. 현실적으로 자본주의에서 그 반대 방향(노동생산력이 떨어지고 노동강도가 줄어드는 방향)으로 전개되는 걸 상상하기란 쉽지 않으니까요. 하지만 노동일은 다릅니다. 이미 노동일에 관한 장에서 우리는 두 가지

방향을 모두 살펴본 바 있습니다. 대체로 18세기 후반까지는 노동일이 지속적으로 증가했습니다. 특히 기계제 대공업이 등장한 18세기 말과 19세기 초 사이에는 그야말로 "눈사태처럼 노동일 연장의 태풍이 몰아쳤"습니다. 이런 추세가 멈춘 것은 1833년 표준노동일이 제정되고 나서입니다. 노동자들의 집단적 저항이 본격화된 이후 노동일은 점차 줄어들었습니다. 지금은 8시간까지 줄어들었지요(『공포의 집』, 144~145쪽).

이제 노동일이 단축되는 경우와 연장되는 각각의 경우를 하나씩 검토해보겠습니다. 먼저 노동일이 단축되는 경우에 잉여가치와 노동력 가격의 상대적 크기는 어떻게 될까요. 노동일은 필요노동시간과 잉여노동시간으로 이루어져 있는데요. 노동일이 줄어든다고 해서 필요노동시간 즉 노동력의 가치가 줄어들지는 않습니다. 하루 노동력의 가치는 자본가가 그것을 어떻게 사용하든, 즉 8시간을 사용하든 12시간을 사용하든 상관없이 정해져 있습니다. '노동일'에서 노동력의 가치에 해당하는 필요노동시간을 제외한 시간이 잉여노동시간입니다. 자본가가 노동일을 연장하기 위해 노력하는 것은 필요노동시간 이상으로 연장하는 만큼 잉여노동시간이 늘어나기 때문입니다. 노동일이 단축되면 바로 이 잉여노동시간이 줄어듭니다. 다시 말해 잉여가치의 크기가 줄어들지요. 절대적으로도 줄어들고, 노동력 가치에 대해 상대적으로도 줄어들지요. 그러니 자본가들이 노동일 단축에 강하게 반발하는 것은 당연합니다.

그런데 마르크스는 19세기 중반 이후 자본가들이 노동일 단축을 수용해온 것에 주목합니다. 자본가들은 어떻게 잉여가치 크기를 축소하는 조치들을 받아들일 수 있었을까요. 물론 기꺼이 받아들인 것은 아닙니다. 노동자들의 집단적 저항 때문에 마지못해 수용한 면이 있지요. 그리고 표면적으로는 경제가 붕괴되고 나라가 망할 것처럼 떠들어댄 것도 사실입니다(노동일이 10시간이 되면 종말이라도 올 것처럼 떠들어댔던 정치경제학자 시니어를 떠올려보세요. 『생명을 짜 넣는 노동』, 169~170쪽).

하지만 어떻든 이들은 노동일 단축을 수용했습니다. 그럴 만했기 때문입니다. 노동일 단축으로 인한 손실을 만회하고도 남는, 그래서 실제로는 잉여가치 크기가 줄지 않는 상황이 조성되어 있었으니까요. 어떻게 그런 일이 가능했을까요. 우리는 이미 알고 있습니다. 노동일 연장이 불가능한 상황에서 어떻게 잉여가치의 생산이 가능했는지 말입니다. 생산 전반의 기술 혁신으로 노동생산력이 크게 증대했거든요. 이로 인해 노동력의 가치가 낮아졌습니다. 필요노동시간이 줄어든 것이지요. 그러므로 노동일을 줄여도 잉여노동시간이 줄어들지 않는 조건이 마련된 겁니다.

왜 19세기 중반 이후 노동일이 단축되었음에도 불구하고 계급 간 격차는 줄지 않고 오히려 커져갔는가. 이론적으로 노동생산력과 노동강도가 불변인 상황을 가정하면 노동일 단축은 잉여가치 감소로 이어질 수밖에 없습니다. 노동일 단축에 반대했던 자본가들과 그들의 정치경제학자들이 이런 주장을 펼쳤지요. 노동일을 단축하면 큰 손실이 발생한다고요. 그러나 현실에서는 이들의 가정이 성립하지 않았습니다. 노동일을 단축하기 전에 혹은 노동일을 단축하자마자 노동생산력이 증대하고 노동강도가 강화되었으니까요.[김, 711; 강, 721] 그래서 노동일 단축으로 잉여가치가 축소되는 일이 없었던 겁니다. 더 벌 수 있는 것을 못 벌었다고 할 수는 있어도 잉여가치가 노동일 단축과 더불어 역사적으로 감소했다고 할 수는 없습니다. 그러니 노동일 단축에도 불구하고 계급 간 격차는 더욱 확대되었던 거죠.

다음으로 노동일이 연장되는 경우를 볼까요. 노동일이 연장되어도 '일단은' 노동력의 가치가 변하지 않습니다. 이를테면 노동일이 8시간에서 10시간으로 늘어나도 노동력의 가치는 계속해서 6시간일 수 있습니다. 다만 잉여가치의 크기에 대한 노동력 가치의 크기의 상대적 비율은 달라지겠지요. 노동일이 연장되면 잉여가치가 커지니까요.

노동일이 연장되었다는 것은 노동의 투입이 늘어났다는 뜻입니다. 더 많은 가치가 생산되었다는 뜻이지요. 가치생산물이 늘이나면 잉여가치의 확대와 함께 노동력의 가격도 올라갈 여지가 생깁니다. 노동강도의 강화를 고려했을 때와 같습니다.[김, 712; 강, 722] 가치생산물이 6실링에서 8실링으로 늘어나면, 잉여가치와 노동력의 가격 모두를 3실링에서 4실링으로 올릴 수 있지요. 반드시 그렇게 된다는 게 아니라 그럴 여지가 생긴다는 겁니다. 노동자들이 집단적으로 힘을 발휘하거나 노동력의 수요·공급에 어떤 변화가 생긴다면 노동력의 가격이 가치보다 오르는 경우도 있겠지요. 하루 노동력의 가치는 그대로이지만 노동력의 가격은 그보다 조금 더 높아질 수 있습니다. 노동일이 8시간일 때나 12시간일 때나 노동력의 가치는 6시간으로 같은데요. 12시간 노동을 시키면서 하루 노동력의 가격을 조금 더 올려줄 수 있지요. 앞에서 다른 회사들보다 노동강도를 높이는 대신 더 높은 보수를 지급하는 회사 이야기를 했는데요(실제로는 더 착취당하는 것일 수도 있다고 했습니다). 이번에는 노동일을 늘리면서 노동자들의 보수를 높여주는 경우입니다.

그런데 다시 한번 우리는 노동강도 강화 때와 똑같은 물음을 던질 수 있습니다. 노동일이 연장되었을 때 인상된 노동력의 가격은 정말로 노동력의 가치에 대한 정당한 지불일까. 마르크스는 앞서와 똑같은 답변을 내놓습니다. 이 경우 "노동력의 가격은 비록 명목상으로는 불변이거나 심지어 상승한다고 하더라도 [실제로는] 그 가치 아래로 떨어질 수 있다"라고요.[김, 712; 강, 722]

왜 그럴까요. 마르크스의 말은 이렇습니다. "상기해보자면 하루 노동력의 가치는 노동력의 정상적(normale) 평균 지속기간 즉 노동자의 정상적 수명에 입각해서, 그리고 생명의 실체가 적절하고 정상적으로, 인간본성에 맞게 운동으로 전환되는 것에 입각해서 평가된다."[김, 712; 강, 722] 여기서 마르크스가 "상기해보자면"이라고 한 것은 "노동일" 장에 소개한 노동자의 항변 내용을 의식했기 때문일 겁니다(『공포의 집』, 30~31쪽). 그때 노동자는 자본가에게 이렇게 따졌습니다. 노동자가 사흘은 걸려야 회복할 수 있는 노동력보다도 많은 노동력을 자본가인 당신은 단 하루 동안 써버리려 한다고. '정상적 조건'에서 사용할 경우 30년을 쓸 수 있는 상품인데, 사용권을 구매한 뒤 10년 만에 30년치를 탕진해버렸다고. 그것은 20년치를 도둑질한 것과 같다고.

노동력은 '정상적 조건'에서 사용할 경우 30년 이상 쓸 수 있는 상품입니다. 노동자는 이 상품을 자본가에게 일정 기간 임대해주는 겁니다. 사용권을 판 것이지요. 하루 노동력의 가치란 노동력의 수명(노동자가 노동자로서 활동할 수 있는 기간), 이를테면 30년 중의 하루에 해당하는 만큼의 가치이기도 합니다. 그런데 '정상적 조건'에서 노동력을 사용하지 않는다면, 즉 노동강도가 지나치게 높거나 노동일의 길이를 지나치게 늘린다면 혹은 비용을 아끼기 위해 너무 열악한 환경에서 일하게 한다면, 그래서 노동력의 수명이 단축된다면, 해당 자본가는 '하루 동안 사흘 치'를 쓰는 것과 같습니다.

노동력의 가격이 올라가는 경우에도 노동력의 가치에 미달할 수 있다는 이야기가 되는 거죠. 일반적으로 잔업과 야근, 특근 등을 할 경우 통상적인 경우보다 많은 임금을 지급합니다. 보통 150퍼센트로 책정하지요. 겉보기에는 노동력의 가격이 노동력의 가치보다 50퍼센트 높은 것처럼 보입니다. 그러나 이런 작업은 흔히 하는 말로 노동자의 생명력을 갉아먹습니다. 50퍼센트만 더 주고 노동자의 미래 생명력을 두 배, 세 배 당겨쓰는 거죠. 착취도가 훨씬 높은 겁니다.

물론 노동일이 7시간에서 8시간 정도로 늘어나는 것은 노동력의 가치에 영향을 미치지 않을 수 있습니다. 그러나 9시간, 10시간이 되면 달라집니다. 생명력을 복원하기가 점점 어려워지죠. 만약 14시간 넘는 노동이 일정 기간 지속되면 생명력은 영원히 복원되지 않을 겁니다(이건 노동이 아니라 살인입니다). 노동자의 노동력(생명력) 소모는 노동일과 함께 비례적으로 증가하는 게 아닙니다. 어느 선까지는 그럴 수 있지만 그 선을 넘어서면 기하급수적으로 증가하지요. 7시간 일하고 1시간 더 일하는 것과 10시간을 일한 뒤 1시간을 더 일하는 것은 생명력 소모가 다릅니다. 노동력의 재생산이라는 점에서 보면 해당 노동자의 노동력의 실제 가치는 매우 커지죠. 노동력의 가격을 50퍼센트 높이는 걸로는 결코 충당이 되지 않습니다. 터무니없이 모자라죠. 노동일이 어느 선을 넘어 연장되면, 마르크스의 말처럼 '노동력의 가격'과 '노동력에 대한 착취도'는 아예 같은 척도로 비교할 수 있는 크기를 넘어서버립니다.[김, 712; 강, 722]

○노동일, 노동생산력, 노동강도가 동시에 변하는 경우──마지막으로 마르크스가 검토하는 것은 노동일과 노동생산력, 노동강도 중 두 가지 이상이 동시에 변하는 경우입니다. 이 역시

다양한 조합이 가능할 텐데요. 이 중에서 마르크스는 두 가지를 검토합니다. 하나는 노동생산력이 떨어지는 가운데 노동일이 연장되는 경우이고요, 다른 하나는 노동생산력과 노동강도가 증가하고 노동일은 단축되는 경우입니다.

전자의 경우부터 살펴보죠. 노동생산력이 떨어진다고 했는데요. 여기서 문제 삼는 것은 노동력의 가치에 영향을 미치는 산업부문, 즉 노동자의 생활수단을 이루는 산업부문의 생산력이 저하한 경우입니다. 농업이 대표적이지요. 농산물의 가치 변동은 노동력의 가치에 상대적으로 큰 영향을 미칩니다. 이를테면 토지 비옥도가 감소해 농업생산력이 떨어졌다고 해봅시다. 농산물 가격이 오를 겁니다. 그러면 자연히 노동력의 가치도 오를 수밖에 없습니다. 노동일이 그대로라면 노동력의 가치가 오른 만큼 잉여가치가 줄어들 겁니다.

그런데 여기서는 노동일도 연장된다고 했습니다. 그러면 노동력의 가치와 잉여가치의 크기가 어떻게 변동할까요. 노동일이 얼마나 연장되느냐에 따라 달라집니다. 예컨대 노동일이 12시간(6실링)이고, 필요노동시간과 잉여노동시간이 각각 6시간(3실링)이라고 해봅시다. 그런데 노동일이 2시간 더 늘어나고(14시간), 농산물 가격 상승으로 노동력의 가치도 2시간 늘어났다고 해봅시다. 그러면 필요노동시간은 8시간(4실링), 잉여노동시간은 6시간(3실링)이 됩니다. 노동일이 연장된 덕에 자본가가 얻는 잉여가치의 절대적 크기는 줄어들지 않았습니다. 다만 노동력의 가치에 대한 상대적 크기가 줄어들었지요. 만약 노동일을 4시간 더 늘릴 수 있다면(16시간), 노동력의 가치에 대한 상대적 크기도 이전 수준으로 복원됩니다. 물론 절대적 크기는 이전보다 더 커지고요. 결국 노동일이 얼마나 연장되느냐에 따라 노동생산력의 하락에도 불구하고 잉여가치는 변하지 않을 수 있고 심지어 늘어날 수도 있습니다.

그건 그렇고, 마르크스는 왜 이런 경우를 선택해 설명하는 걸까요. 19세기 초 영국 사회에서 일어난 일과 관련이 있습니다. 1799년에서 1815년 사이 생필품 가격이 오르고 덩달아 임금도 올랐는데요. 임금이 오른 이유와 이것이 이윤에 미치는 영향을 둘러싸고 논쟁이 일어났습니다. 이 논쟁의 배경에는 곡물법(Corn Law) 제정이 있었습니다. 1815년 영국 의회는 농산물 가격을 일정 수준으로 유지하기 위해 저가의 해외 농산물 수입을 금지했습니다. 곡물법은 지주들의 이익을 보호하는 법이었지요. 당연히 산업자본가들이 반대했습니다. 농산물 가격이 높으면 생산비용이 올라가니까요. 곡물법은 산업자본가들이 염원하는 자유무역의 '천년왕국'이 도래하는 것을 막는 상징적 장벽이었습니다(1846년에 결국 폐지되었지요. 『공포의 집』, 149쪽).

1799년부터 1815년까지 그 사이에 일어난 일을 어떻게 볼 것인가. 리카도는 농업에서의 노동생산성 하락이 잉여가치율의 저하를 불러왔다는 주장을 펼쳤습니다. 이 주장은 그의 지대론(地代論)과 관련이 있는데요. 그의 지대론은 맬서스의 인구론과도 결합되어 있었습니다. 인구는 기하급수적으로 늘어나는데 토지는 한정되어 있지요. 그러면 비옥한 토지만이 아니라 상대적으로 열등한 토지도 개간해야 합니다. 이 경우 상대적으로 비옥한 토지의 지대가 오를 것이고(차액지대), 열등한 토지로 인해 노동생산성은 떨어지겠지요. 농업에서 노동생산성의 하락은 지대를 올리고 농산물 가격을 올리며 임금 또한 올리게 됩니다. 그러면 이윤율은 점차 떨어질 수밖에 없겠지요. 그래서 리카도에게는 자본주의의 미래가 어둡습니다.

그러나 리카도의 비극적 추론은 마르크스의 표현을 빌리자면 "환상(Phantasie) 속에서 만들어진" 가정에 입각한 것입니다.[김, 714; 강, 724] 일단 사실 확인부터 하자면, 마르크스는 이 시기의 임금 상승은 명목적인 것에 불과했다고 말합니다. 그 돈으로 구매할 수 있는 생활수단의 양을 고려하면 실질임금은 오히려 하락했다는 겁니다. 그뿐 아니라 잉여가치(이윤)가 감소하는 일도 없었습니다. 잉여가치는 오히려 큰 폭으로 증가했지요. 절대적으로도 그렇고 노동력의 가치와 비교했을 때 상대적으로도 그렇습니다.

19세기 초는 마르크스가 자본의 "질풍노도의 시기"라고 부르던 때입니다(『자본의 꿈 기계의 꿈』, 141쪽). 기계제 대공업이 등장하던 시기죠. 매뉴팩처들이 몰락하면서 기계제 대공장들은 시장독점을 통해 '예외적으로 큰 이윤'을 누렸고, 산업에 새로운 자본이 대거 몰려들었습니다. 면직업만 봐도

1770년과 1815년 사이에 불황은 불과 5년 정도에 지나지 않았습니다(『자본의 꿈 기계의 꿈』, 148쪽). 자본가들이 이윤에 대한 비관적 전망을 가질 때가 아닙니다. 그렇다면 리카도의 추론은 틀렸던 걸까요. 그렇지는 않습니다. 그가 상정한 전제에서는 올바른 추론이지요. 문제는 어디에 있는가. 바로 전제에 있습니다. 마르크스가 "환상 속에서" 만들어졌다고 말한 그 전제 말입니다.

앞서 마르크스는 첫 번째 경우(노동일과 노동강도는 불변이고 노동생산력만 변하는 경우)에 대한 분석에서 리카도가 이것을 자본주의의 일반적 조건으로 간주했다고 비판한 바 있는데요. 리카도는 노동일과 노동강도의 변화를 고려하지 않았습니다. 그런데 이 두 요인은 18세기 말에서 19세기 초까지 잉여가치 생산에 지대한 영향을 미쳤습니다. 마르크스가 분석한 것처럼 노동생산력이 늘어나지 않고, 심지어 (노동자의 생활수단을 생산하는 영역의) 노동생산력이 떨어져 노동력의 가치가 오른다 해도, 노동일이 연장되고 노동강도가 강화되면 잉여가치는 얼마든지 늘어날 수 있습니다.

리카도는 당시 공장의 현실을 알지 못했습니다. 노동일과 노동강도가 어떻게 변하고 있는지 살펴보지 않은 것이지요. 단지 자신이 일반적 경우라고 상상한 전제 위에 이론적 모델을 구축하고 그것을 현실이라고 착각했던 겁니다. 여담입니다만 리카도가 엄격한 통화준칙(국가가 발행하는 통화량을 준비금의 양에 엄격하게 연계시키는 것)을 고수했을 때도 비슷한 비판이 제기되었습니다. 외부의 산업이나 무역에 종사한 경험이 없는 리카도가 비현실적인 이론 모델을 고집한다고요. 당시 한 의원은 리카도를 향해 이렇게 말했다고 합니다. "존경하는 의원은 그동안 어디서 살다 온 겁니까? 어디 다른 행성에서 지금 막 내려온 거 아닌가요?"[42]

리카도는 노동일과 노동강도의 변동을 신경 쓰지 않았지만 현실은 달랐습니다. 마르크스에 따르면 "이 시대는 노동일에 대한 무제한적 연장이 시민권을 확대한" 시대입니다.[김, 714; 강, 724] 노동일에 관한 장에서 마르크스는 이때를 "눈사태처럼 노동일 연장의 태풍이 몰아쳤다"라고 표현하기도 했지요(『공포의 집』, 144쪽). "기계와 대공업" 장에서는 기계가 등장하던 때에 무슨 일이 일어났는지 자세히 썼습니다(『자본의 꿈 기계의 꿈』, 60~79쪽). 기계 도입과 더불어 여성과 아이들까지 공장에서 일해야 했고, 노동일과 노동강도는 생명을 위협하는 수준까지 연장되고 강화되었지요.

당시 큰 위험에 빠진 것은 자본가가 아니라 노동자들이었습니다. 기계화로 대량 실업이 발생했고 여성노동과 아동노동의 유입으로 노동력의 가격이 크게 떨어졌으니까요. 마르크스는 수직기 직조공들의 몰락 과정을 묘사하며 "세계 역사상 이처럼 처참한 광경은 없었다"라고 했지요. 그들 대부분이 교구의 구호금에 의존해 연명했습니다(『자본의 꿈 기계의 꿈』, 120쪽). 빈곤이 거대한 사회적 문제로 대두했고, 전체 사회가 큰 위험에 처했음을 지각한 사람들이 새로운 '사회' 개

념을 만들어내고, 사회학과 사회주의가 탄생하던 때였습니다
(『다시 자본을 읽자』, 55~58쪽). 마르크스는 여기서 이 사실을
다시 확인합니다. 리카도가 환상 속에서 만든 전제들에 입각
해 주장을 편 시대는 "한편에서는 자본이 급속히 증가하고 다
른 한편에서는 빈민이 급속히 증가하는 특별한 성격을 가진
시대"였다고요.[김, 714~715; 강, 724]

　　이 점에서는 맬서스가 낫습니다. 마르크스가 맬서스를
칭찬하는 일은 거의 없는데요. 리카도 모델의 비현실성을 지
적하면서는 '차라리' 맬서스가 낫다는 식의 이야기를 하고 있
습니다. 맬서스는 이 시기의 자본 성장이 노동자계급의 노고
덕분이라고, 즉 물가상승으로 실질임금이 하락했음에도 그것
을 견디어낸 노동자들 덕분이라고 말했거든요. 마르크스는
이 점을 언급하며 말합니다. "리카도와 다른 사람들이 너무나
선명한 사실을 눈앞에 두고서도 노동일의 불변적 크기를 자
신들의 모든 연구의 기초로 삼은 데 반해, 맬서스가 노동일의
연장을 강조한 것은 … 그의 대단한 영예이다."[김, 714, 각주
7; 강, 724, 각주 15] 리카도는 선명한 현실을 보고도 비현실적
이었던 반면 맬서스는 최소한 현실을 알고는 있었다는 말입
니다.

　　그러나 맬서스의 영예는 여기까지입니다. 그는 저임금을
견디어낸 노동자계급의 노고를 언급한 뒤 이런 상황이 계속
될 수는 없다고 했습니다. 이런 상황이 이어지면 흡사 인구가
식량의 한계까지 늘어나는 상황과 비슷하게 되어버릴 거라고

했지요. 그 유명한 자신의 인구론과 연결 지은 겁니다. 과잉인구가 빈곤을 낳는다는 결론 말입니다. 그는 노동일이 연장되고 저임금이 강요되며 빈민들이 넘쳐나는 현실을 보았습니다. 그러나 왜 그런 일이 일어나는지는 깊이 따져보지 않았습니다. 그러면서 '과잉인구'라는 손쉬우면서도 악의적인 답변을 내놓았습니다. '넘쳐나는 빈민들'을 '넘쳐나기 때문에 빈민'인 것처럼 만들었지요. 빈민이 빈민인 이유는 너무 많기 때문이라는 거죠.

맬서스는 "기계의 비상한 발전과 여성 및 아동 노동의 착취 그리고 노동일의 연장이 노동인구를 '과잉 상태'로 만들지 않을 수 없었다는 사실을 볼 수 없"었습니다. 계급의 이익이 눈을 가리고 있으니까요. 마르크스는 그를 "보수주의자들의 이해에 충실한 노예"라고 부릅니다. "맬서스에게는 이 '과잉인구'를 자본주의적 생산의 역사적 법칙으로 설명하기보다는 자연의 영구적 법칙으로 설명하는 편이 훨씬 편리했을 것이고, 또한 그가 목사로서 우상시하던 지배계급의 이해에도 잘 들어맞는 것이었다."[김, 714, 각주 7; 강, 724, 각주 15]

◦ 잠시 기분전환을 위하여―잉여노동시간이 사라진 세상
마르크스가 마지막으로 분석하는 조합은 노동생산력과 노동강도가 증가하고 노동일은 단축되는 경우인데요. 이 역시 영국 사회와 관련이 있습니다. 조금 전에 분석한 경우가 18세기 말에서 19세기 초 사이 영국의 상황이었다면 이번 경우는

1830년대 이후, 그러니까 표준노동일이 제정되고 점차 노동일이 단축되던 상황에 해당합니다. 노동일 연장이 어렵게 되자 영국의 자본가들은 노동생산력과 노동강도를 높이는 쪽으로 갑니다. 노동생산력과 노동강도를 높이면 노동일 단축에도 불구하고 노동일 중 필요노동시간(노동력의 가치)을 줄여 그만큼 잉여가치를 늘릴 수가 있으니까요. 『자본』 제4편 "상대적 잉여가치의 생산"에서 많이 살펴본 내용입니다.

그런데 마르크스가 덧붙인 내용이 흥미롭습니다. 노동생산력이 늘어나고 노동일은 단축되는 경우에서 다른 상상력을 발휘해보는 것이지요. 『자본』 중간중간에 나오는 '기분전환을 위한' 페이지라고 할까요. 일반적으로 자본주의에서는 노동일의 단축에 한계가 있습니다. 자본가가 더는 양보할 수 없는 지점이 있지요. 노동일이 필요노동시간까지 단축되면 잉여가치가 생겨나지 않습니다. 이렇게 되면 자본이 불가능하지요. 아무리 노동생산력이 올라가도 노동시간이 그렇게까지 줄어들 수는 없습니다. "자본의 체제(Regime des Kapitals) 아래서는 불가능한 일"입니다.[김, 716; 강, 725]

그러나 우리의 상상력을 '자본의 체제' 아래 묶어둘 필요는 없지요. 자본주의적 생산형태가 폐기되었다고 해봅시다. 그럼 어떻게 될까요. 잉여가치를 생산할 필요가 없으니 노동일은 필요노동 수준으로 축소될 겁니다. 그런데 마르크스는 여기서 의외의 말을 합니다. "다른 조건이 불변이라면 필요노동의 범위(크기, Raum)가 확대될 것"이라고요.[김, 716; 강,

자본주의적 생산형태를 폐기하면 왜 필요노동이 커지는 걸까요. 마르크스는 두 가지 이유를 들고 있습니다. 하나는 "노동자들의 생활조건이 더 풍요로워지고 생활상의 요구가 더 커질 것"이기 때문입니다.[김, 716; 강, 725] 이게 무슨 뜻일까요. 자본주의에서 필요노동시간은 자본에게 유용한 상품으로서 '노동력'의 가치에 국한됩니다. 나는 마르크스가 『자본』에서 '노동능력'(Arbeitsvermögen)이라는 말을 '노동력' (Arbeitskraft)으로 바꾼 이유에 대해 언급한 적이 있는데요 (『성부와 성자』, 166~170쪽). '노동력'은 인간의 생산능력 일반이 아니라 자본의 가치증식에 유용한 능력, 자본주의적 생산형태에서 그 유용성을 인정받은 능력입니다. 자본의 체제 아래서 시민권을 인정받은 '상품'이지요. 그런데 자본주의적 생산형태가 폐기되면 '필요'(욕구)의 범위가 여기에 국한될 필요가 없습니다. 자본의 체제 아래서는 무가치하고 쓸모없다고 판단될 수 있는 많은 활동들이 우리 삶에 필요한 것으로 평가될 수도 있으니까요. 사회 전체적으로 보면 사람들에게 자본주의 아래 있을 때보다 더 많은 것들이 제공되어야 할지도 모릅니다.

마르크스가 제시한 또 하나의 이유는 "현재의 잉여노동 가운데 일부가 필요노동으로 계산되어야" 한다는 겁니다.[김, 716; 강, 725] 자본주의에서는 필요노동을 넘어선 잉여노동이 모두 자본가의 소유물이 되는데요. 자본주의가 아니어도 개인의 필요를 넘어선 잉여물의 생산은 이루어져야 합니다. 다만 이 잉여생산물은 제3자인 자본가에게 넘어가는 게 아니라, 노동자가 포함된 사회 전체로 귀속됩니다. 생산과정에서 마모되거나 손실된 부분을 보충하고 생산과정을 개선하기 위해, 혹은 재난에 대처하기 위해, 혹은 미래를 계획하기 위해 '사회적 준비금(Reservefonds)이나 축적기금(Akkumulations-fonds)'이 필요하다는 겁니다. 개인적 필요가 아니라 사회적 필요를 위한 노동이지요.

노동강도 문제는 어떻게 될까요. 자본주의적 생산형태에서는 노동일이 단축되면 자본가들이 노동생산력과 노동강도의 증대로 대응한다고 했는데요. 대체로 노동생산력이 증가하면 노동일을 줄일 수 있고 노동일이 줄어들면 노동강도는 올라갑니다. 그런데 사회적으로 생산을 계획하고 관리할 수 있다면 생산성을, 노동을 늘리는 식이 아니라 줄이는 식으로 높일 수도 있습니다. 마르크스는 여기서 노동을 줄인다는 것은 '생산수단의 절약'과 함께 '쓸모없는 노동을 없앤다'라는 의미라고 말합니다. 불필요한 노동을 줄여서 생산성을 높인다는 것이지요.[김, 716; 강, 725]

물론 자본주의에서는 생산수단의 절약과 불필요한 노동의 절약 모두 끔찍한 의미를 갖습니다. 생산수단의 절약은 노동자들의 생명의 조건, 이를테면 햇볕이 들어오는 창문, 몸을 쾌적하게 움직일 수 있는 일정 크기의 공간, 신선한 공기를 유입시키는 환풍기 등을 없애는 것이지요. 비용을 아끼기 위해 생명을 낭비하는 짓으로 이어졌습니다. 또 불필요한 노동의 절약은 구조조정을 통한 해고를 의미하죠. 그런데 자본주의적 생산형태를 넘어선다면 두 가지는 다른 의미를 갖게 됩니다. 무계획적 생산 때문에 이루어지는 무분별한 자원의 낭비를 막고, 자본주의가 아니었다면 굳이 필요가 없었던 업무를 없앨 수 있습니다.

겉보기에 자본주의는 대단히 절약하는 체제인 것 같지만 실은 엄청난 낭비의 체제입니다. 자본가들은 공장에서는 독재자로 군림하며 생산수단을 무서울 정도로 아낍니다. 그러나 사회 전체에서는 무정부주의자로 돌변합니다. 사회 전체적으로 보면 자본주의는 '무정부적인 경쟁 체계'입니다. 돈만 된다면 모두가 뛰어들지요. "생산수단을 무한정 낭비하며", 자본주의가 아니었다면 "아무런 쓸모도 없는 무수한 기능들"을 만들어냅니다.[김, 716; 강, 725]

그뿐이 아닙니다. 마르크스는 말하고 있지 않지만, 생산에 동원되는 자원과 인력만이 아니라 그렇지 못한 자원과 인력 때문에도 큰 낭비가 발생하지요. 자본주의에서는 잉여가치 생산에 도움이 안 되거나 성능이나 능력이 모자란다고 판단되어, 생산에서 아예 배제되거나 폐기되는 자원과 인력도 엄청나게 많습니다. 훌륭한 재능을 입증할 기회를 갖지 못한 채 혹은 쓸모없는 재능으로 판정되어 폐기 처분되는 것도 사회 전체로는 엄청난 낭비지요.

마르크스는 사회 전체적으로 노동을 계획하고 분배한다

면 이런 낭비를 많이 줄일 수 있다고 생각합니다. 특히 그는 "노동이 가능한 모든 사회구성원들에게 균등하게 배분될수록", 그래서 "특정한 사회계층이 자연이 자신들에게 부여한 노동의 부담을 다른 계층에게 떠넘길 수 없게 될수록, 사회적 노동일 가운데 물질적 생산에 필요한 부분은 줄어들고 개인의 자유로운 정신적·사회적 활동을 위한 시간은 늘어난다"라고 했습니다.[김, 716; 강, 725] 특정 계층의 사람들만이 아니라 노동 가능한 사회구성원들 모두가 함께 일한다면 노동일을 크게 줄일 수 있다는 거죠.

그래서 자본주의에서 노동일 단축의 절대적 한계는 잉여노동이 생겨날 수 있느냐에 달려 있지만, 자본주의가 아니라면, 이를테면 '자유로운 개인들의 연합'에서는 얼마나 많은 구성원들이 노동에 참여할 수 있느냐에 달려 있습니다. 마르크스가 '노동의 일반성'(Allgemeinheit der Arbeit)이라고 말하는 것이 그것입니다. 특정 계급이 자유를 얻기 위해 다른 계급에게 노동을 강요하는 게 아니라, 모두가 함께 일함으로써 전체의 자유 시간을 키울 수 있다는 것이지요.[김, 716; 강, 726]

이 '노동의 일반성'은 노동해방을 위한 매우 중요한 전제입니다. 노파심에서 한마디 하자면 이 개념은 노동을 늘리기 위해 제안된 게 아니고 줄이기 위해 제안된 것임에 유념할 필요가 있습니다. 노동은 존엄한 것이므로 모두가 더 많이 노동하자는 식으로 이해하면 안 됩니다. 어떤 점에서 노동의 일반성은 노동으로부터 해방되기 위한 조치입니다. 노동시간을 늘리기 위해서가 아니라 자유 시간을 늘리기 위해 제안된 것이라는 이야기죠. 과거 사회주의에는 실업자가 없다는 말을 했는데요. 그것이 만약 불필요한 일자리를 일부러 만들어서 사람들을 일하게 하고 근로는 미덕이라고 떠받드는 것이라면, 최소한 『자본』에서 마르크스가 말하는 것과는 관계가 없습니다.

철학자 버트런드 러셀(Bertrand Russell)은 자본주의는 물론이고 사회주의조차 근로를 미덕으로 간주한다고 비판하면서 자신이 읽은 러시아 기술자들의 보고서 이야기를 한 적이 있습니다. 러시아 기술자들은 카라해를 가로지르는 거대한 댐을 건설해서 백해와 시베리아 북부 기후를 온난하게 만들 계획을 세웠다고 합니다. 생태적으로도 끔찍한 일입니다만 러셀에 따르면 이 프로젝트는 "북극해의 동토와 눈보라 속에서 숭고한 노역을 과시"하려는 것이었습니다.[43] 사회주의가 '근로의 미덕'을 필요로 하지 않는 세상을 만들지 않고 오히려 그것을 찬미하기 위해 프롤레타리아를 동원하고 있다는 것이지요. 다시 말하지만 이것은 마르크스가 『자본』에서 말하려는 바와 다릅니다. 그가 가급적 사회구성원들 모두가 함께 일하자고 한 것은 특정한 사람들에게 노동의 부담을 떠넘겨서는 안 되며 모두가 함께 일할 때 그나마 노동시간을 줄일 수 있다는 생각인 겁니다.

—"하데스의 투구"를 쓰고 싶은 사람들

이로써 제15장의 이야기가 모두 끝났습니다. 참고로 데이비드 하비(David Harvey)는 제15장에서 마르크스가 설정한 세가지 요인은 자본가가 사용할 수 있는 세 가지 전술에 해당한다고 했습니다.[44] 한 가지 전술의 효력이 감소하면 다른 전술을 통해 이를 보완할 수 있다고요. 노동일 연장이 어려워지면 노동생산력과 노동강도를 높이는 쪽으로 나아가는 식이지요. 하비의 말처럼 마르크스는 자본가들이 잉여가치를 늘리는 아주 다양하다는 것을 보여주었습니다.

　　그러나 나는 제15장에서 마르크스의 강조점이 여기에 있다고 보지 않습니다. 마르크스는 각 경우마다 노동력의 가치와 잉여가치의 크기가 상대적으로 어떻게 변화하는지를 꼼꼼하게 살폈습니다(이것이 제15장의 제목이 의미하는 바이기도 하지요). 그는 때때로 노동력의 가격이 그 가치 이상으로 상승한다고 해도 잉여가치가 커질 수 있으며, 노동력의 가격과 잉여가치 크기의 상대적 격차는 더욱 벌어질 수 있다는 점을 지적했습니다. 둘의 격차가 커진다는 것은 노동자계급과 자본가계급의 부의 차이, 생활수준의 차이가 더욱 커진다는 것을 뜻합니다. 나는 마르크스가 자본주의 발전과 더불어 이런 현상, 이런 추세가 나타날 수 있다는 걸 말하고 싶었다고 생각합니다.

　　이제 제16장으로 들어가볼까요. 『자본』 제16장은 상대적으로 분량이 적습니다. 잉여가치율에 대한 몇 가지 정식들을 소개하고 있지요. 하비는 제15장처럼 제16장에 대해서도 마르크스가 특별한 문제 제기를 하고 있지는 않다고 말합니다.[45] 독자들로서는 자신이 잉여가치율에 대해 얼마나 정확히 이해하고 있는지 확인할 기회로 삼는 정도면 될 것 같다고 하면서요. 물론 제16장을 복습의 기회로 활용하는 것도 나쁘진 않습니다. 하지만 나는 마르크스가 잉여가치율에 대한 정식들을 해석하면서 당대에 상당한 영향력을 발휘한(그리고 오늘날에도 여전히 맹위를 떨치는) 어떤 이데올로기를 비판하고 있다고 생각합니다. 이 점에서 여기 소개된 정식들, 특히 두 번째 정식에 대한 마르크스의 비판을 꼼꼼하게 살펴볼 필요가 있습니다. 마르크스가 소개하는 잉여가치율에 대한 정식들은 다음과 같습니다.

$$\text{정식 I} \qquad \frac{\text{잉여가치(m)}}{\text{가변자본(V)}} = \frac{\text{잉여가치}}{\text{노동력의 가치}} = \frac{\text{잉여노동}}{\text{필요노동}}$$

$$\text{정식 II} \qquad \frac{\text{(잉여노동)}}{\text{노동일}} = \frac{\text{잉여가치}}{\text{생산물의 가치}} = \frac{\text{잉여생산물}}{\text{총생산물}}$$

$$\text{정식 III} \qquad \frac{\text{잉여가치}}{\text{노동력의 가치}} = \frac{\text{잉여노동}}{\text{필요노동}} = \frac{\text{불불노동}}{\text{지불노동}}$$

정식 I은 지금까지 마르크스가 잉여가치율에 대해 말한 것을 그대로 정식화한 것입니다. 이 정식의 앞쪽 두 항은 잉여가치율이 잉여가치와 가변자본의 비율이며, 잉여가치가 노동력의 사용에서 생겨난다는 것을 잘 보여줍니다. 세 번째 항은 잉여가치의 정체가 잉여노동이며 잉여가치율은 잉여노동과 필요노동의 양적 비율로 측정할 수 있다는 걸 보여주죠(잉여 가치율과 이윤율, 착취도 등에 관해서는 이 시리즈의 5권『생명을 짜 넣는 노동』142~148쪽 참고). 물론 앞의 두 항과 세 번째 항의 단 위는 다릅니다. 전자는 가치들의 비율이고 후자는 시간들의 비율이지요(노동량을 시간으로 측정한다고 했을 때 말입니다).

　　마르크스는 사실 이 정식이 고전파 경제학에서 이미 완 성되어 있다고 했습니다. 다만 그들의 "의식에서 완성되지 않 았을 뿐"이라고요.[김, 718; 강, 727] 재밌는 표현입니다. 마치 잉여가치에 관한 정식이 의식에 떠오르는 걸 막는 어떤 심리 적 메커니즘이 있다는 듯 말하니까요.『자본』제1판 서문에서 마르크스는 독일인들이 "괴물의 존재를 부인하기 위해" "하 데스의 투구"를 썼다고 했는데요(『다시 자본을 읽자』, 75쪽과 96쪽). 정식 I이 고전파 경제학자들한테 이미 완성된 것임에도 그들 의식에서는 완성되지 않았다는 말에서 나는 이 하데스 의 투구를 떠올렸습니다. 어떤 심리적 메커니즘, 이렇게 말해 도 좋다면 어떤 무의식적 기관이 "괴물의 존재를 부인하기 위 해", 고전파 경제학자들의 자아에 모자를 눌러 씌워 눈을 가린 건 아닐까 하고 말입니다.

　　실제로 마르크스는 앞서 제14장(영어판 제16장)에서도 리카도와 그 학파가 "잉여가치의 원천"에 대해 심리적 회피 반응을 보였다는 걸 지적한 바 있습니다. 리카도는 잉여가치 의 크기를 결정하는 요인에는 관심을 보였지만 잉여가치의 원천에는 철저히 무관심했다고 했습니다. 그리고 리카도 학파는 잉여가치의 원천 문제에 너무 깊숙이 파고 들어가는 것은 대단히 위험하다는 걸 본능적으로 알아차렸다고 했죠.[김, 697~698; 강, 708~709] 도대체 리카도 학파는 무엇을 두려워한 걸까요. 그들이 두려워한 괴물의 정체는 무엇일까요.

　　그런데 정식 II를 보면 이들이 무엇을 회피하려 했는지 짐작할 수 있습니다. 정식 II는 고전파 경제학이 내놓은 정식인데요. 마르크스는 이를 '파생된(abgleiteten) 정식'이라고 말합니다.[김, 718; 강, 727] 글자 그대로 해석하면 정식 I에서 '미끄러져서 떨어져 나온' 정식이라는 뜻인데요. 의식으로 올라오는 과정에서 정식 I이 미끄러지고 뒤틀린 것이지요. 정식 II는 정신분석학적으로 말하자면 일종의 '증상'이라 할 수 있습니다.

　　정식 II는 잉여가치율을 노동일에서 잉여노동이 차지하는 비율로 규정하고 있습니다(참고로 정식의 첫 번째 형태에서 '잉여노동'에 괄호를 친 것은 프랑스어판의 표기를 따른 겁니다. 마르크스는 "부르주아 경제학에서는 잉여노동의 개념이 명확하게 표현되어 있지 않기 때문"이라고 했습니다[강, 727, *MEW* 편집자 주]). 첫 번째 항은 노동시간으로 표시한 것이고 이를 가치량으로 표현한 것이 두 번째 항입니다. 그런데 두 번째 항에서 분모인 '생산물의 가치'는 '가치생산물'로 바꾸어야 합니다. '생산물의 가치'에는 과거에 생산된 생산수단의 가치(불변자본)도 포함되어 있으니까요. 첫 번째 항의 분모인 '노동일'에 상응하려면 두 번째 항의 분모에는 해당 노동일에 생산된 가치인 '가치생산물'($V+m$)을 써야 합니다.

정식 II는 노동착취도인 잉여가치율을 엉뚱하게 표현하고 있습니다. 노동력의 가치 이상으로 얼마나 더 가치를 뽑아냈는가, 즉 노동력의 가치에 대한 잉여가치의 비율($\frac{m}{V}$)이 아니라, 가치생산물 전체에서 자본가가 자기 몫을 얼마나 분배받았는가($\frac{m}{V+m}$)로 표시했지요. 이를 자본의 '자기증식도'(Selbstverwertungsgrad)라고 오해하는 사람들이 있는데요.[김, 719; 강, 728] 정식 II는 자본이 늘어나는 비율이 아닙니다. 자본이 늘어나는 비율이라면 총투자 자본에 대한 잉여가치(이윤)의 비율인 이윤율이 낮겠지요[$p=\frac{m}{C+V}$]. 그러나 엄밀히 말하면 이윤율에도 문제는 있습니다. 이윤율은 투자 자본 전체가 가치증식을 하는 것처럼 보이게 하거든요. 그런데 우리가 알고 있듯이 불변자본에서는 가치증식이 일어나지 않습니다. 따라서 정확히 하려면 가변자본에서 증식이 얼마나 이루어지는지를 따져야 합니다. 이게 바로 잉여가치율이고 정식 I에 정확히 표현되어 있지요.

마르크스는 '노동일을 불변적 크기로 취급하는 학파'가 정식 II를 이용하는 방법을 썼다고 했습니다.[김, 719~720; 강, 729~730] 앞서 리카도가 노동일을 불변적 크기로 간주했다고 말한 바 있기 때문에 여기서 가리키는 학파는 리카도 학파로 보입니다. 마르크스에 따르면 이들은 노동일을 불변하는 것으로 고정해둔 채 노동일에 대한 잉여노동의 비율에만 신경을 씁니다. 즉 가치생산물이 어떻게 분배되는가만 보는 거죠.

그런데 마르크스는 왜 이 틀린 정식에 주목했을까요. 이 정식이 틀렸다는 걸 짧게 언급하고 지나가도 될 것 같은데 말이지요. 마르크스는 제16장 대부분의 지면을 이 정식을 분석하고 비판하는 데 할애하고 있습니다. 왜 그랬을까요. 그는 이 정식의 이데올로기적 효과를 경계한 것 같습니다. 이 잘못된 정식이 현실에 큰 영향력을 미치고 있다고 본 것이지요. 마르크스의 비판은 단지 오류를 지적하는 데 그치지 않는 경우가 많습니다. 젊은 시절 그는 "비판이란 해부용 칼이 아니라 하나의 무기"이며, "비판의 본질적 작업은 탄핵"이라고 말한 바 있지요.[46] 비판의 목적이 오류의 지적이 아니라 적에 대한 탄핵 내지 타도에 있는 것이지요. 나는 여기서 마르크스가 정식 II를 탄핵하고 있다고 생각합니다.

마르크스는 정식 II가 "자본관계의 특수한 성격을 은폐"하고 있다고 비판했습니다.[김, 721; 강, 730] 정식 II는 잉여가치와 노동력의 가치를 가치생산물의 두 부분으로 표시하고 있습니다. 그래서 가치생산물을 자본가와 노동자가 나누어 갖는 것처럼 보이게 하지요. 가치생산물을 함께 생산한 뒤 자본가와 노동지가 잉여가치와 노동력의 가치를 각자의 몫으로 가져가는 것처럼요. 파이를 나눈다는 말을 많이 들어보았을 겁니다. 노동자와 자본가는 파이를 함께 굽는다고. 서로 협력해 파이를 크게 만들어야 모두에게 가는 몫이 커진다고.

그런데 이 말에는 역사적 생산형태로서 자본주의가 지닌

특성이 감추어져 있습니다. 자본주의에서 생산은 전통적 공동체에서 사냥을 함께 하거나 농사를 함께 짓는 것과 다릅니다. 서로 기여한 몫을 나누는 일이 아니라는 겁니다. 자본주의에서 가치생산물은 자본가가 전적 처분권을 가진, 자본가의 소유물입니다.

자본가는 자기 자본의 일부를 생산수단을 구매하는 데 사용하고(불변자본), 일부를 노동력을 구매하는 데 사용합니다(가변자본). 그러니까 노동력의 가치는 가치생산물을 생산하는 데 기여한 만큼 노동자가 분배받는 몫이 아니라 가치를 생산하기 위해 필요한 상품(노동력)을 구입할 때 자본가가 치르는 값입니다(다만 값을 미리 치르지 않기 때문에 마치 분배를 받는 것처럼 보일 뿐입니다). 그리고 잉여가치는 형식상으로는 가치생산물 중 일부이지만, 실제로는 투자한 것 이상으로 생산된 가치생산물, 더 정확히 말하면 노동력 구매에 들인 것보다 노동력 사용을 통해 더 많이 뽑아낸 것이지요.

'잉여가치란 노동력을 구매해서 그 가치 이상으로 뽑아낸 것'이라는 말과 '전체 생산물을 노동력의 가치와 잉여가치로 나누었다는 말'을 비교해보세요. 그러면 마르크스가 왜 정식 II에 분노하는지 알 수 있을 겁니다. 이 정식은 "노동자와 자본가가 저마다 제공한 생산요소의 비율에 따라 생산물을 나눠 갖는 하나의 협력관계라는 잘못된 가상(falsche Schein)"을 만들어냅니다.[김, 721; 강, 730]

자본주의에서 생산이 협업의 형태로 이루어지는 것은 사

실입니다. 심지어 자본가도 생산과정의 지휘자로서 생산력 증대에 기여할 수 있습니다. 그러나 자본주의에는 다른 어떤 역사적 생산형태에서도 볼 수 없는 독특한 억압과 착취 기능이 들어 있습니다. 자본주의에서는 협업의 이유가 잉여가치의 생산에 있으니까요(『거인으로 일하고 난쟁이로 지불받다』, 93쪽). 설령 양계장 암탉이 먹는 사료 값이 암탉이 낳은 계란을 판매한 것에서 나왔다고 해도, 우리는 양계장 주인과 암탉이 협력해서 계란을 생산했고 각자 기여한 몫에 따라 주인은 이윤을 얻었고 암탉은 먹이를 얻었다고 말하지 않을 겁니다.

주석에서 마르크스는 자본주의적 생산에 고유한 '적대적 성격'을 제거하고, 모두의 이익을 위해(나눠 먹을 파이를 키우기 위해) 협업한다는 이미지를 만드는 것은 정말 쉬운 일이라고 했습니다. 노예제도조차 이런 식으로 협력과 조화의 이미지를 만들 수 있습니다. 마르크스는 미국의 경제학자 헨리 C. 케리(Henry C. Carey)가 노예제도의 이미지를 이런 식으로 조작했다고 비판했습니다.[김, 721, 각주 3; 강, 730, 각주 19] 케리에 대해 마르크스는 1857년에도 별도의 글을 써서 강력히 비판했는데요. 당시 정세에서 협력과 조화 이데올로기가 노동자들의 운동에 큰 폐해를 끼치고 있다고 생각했기 때문입니다(케리에 대한 비판은 이 책 본문 끝에서 별도로 다루겠습니다).

정식 II에 대한 마르크스의 분노를 뒤집어보면 정식 II를 내세우는 부르주아 경제학자들의 공포를 읽을 수 있습니다. 나는 앞서 정식 II를 증상으로 읽을 수도 있다고 했는데요. 정식 II는 잉여가치의 원천을 감추고 있습니다. 왜 부르주아 경제학자들은 잉여가치의 원천을 따지고 싶어하지 않는가. 왜 잉여가치(이윤)의 크기에만 관심을 갖고 그것의 정체를 알고 싶어하지는 않는가. 거기에 괴물이 있기 때문이겠지요. 바닥을 너무 깊이 파고들면 심연이 열릴 수 있습니다. 그리고 심연에는 괴물이 삽니다.

마르크스는 『자본』의 제2독일어판 후기에서 '1848년 혁명'과 함께 부르주아 경제학도 파산했다고 했는데요. '1848년 혁명'이란 계급혁명을 지칭하는 겁니다(『다시 자본을 읽자』, 98~99쪽). 여러 번 말한 것처럼 자본주의적 생산의 목적은 잉여가치(이윤)에 있습니다. 그리고 상품을 생산하고 판매하는 이유가 다 거기 있지요. 정치경제학의 개념과 범주들은 모두 자본주의와 더불어 탄생했고 이 체제의 기능과 운동을 설명하기 위한 것입니다. 그런데 자본주의적 생산의 목적이자 이유인 잉여가치의 원천을 파고들어 그 정체를 드러내면 어떻게 될까요. 그것은 자본주의의 토대, 자본가들의 이윤을 떠받치고 정치경제학자들의 이론을 떠받치는 토대를 허무는 일이 될 겁니다. 체제 안에서 누군가가 착취를 하는 게 아니라 체제 자체가 착취적이라는 게 드러날 테니까요(『다시 자본을 읽자』, 60~61쪽). 그것이 드러나면 괴물이 등장합니다. 그 괴물의 이름은 계급투쟁이지요. 요컨대 정식 II는 계급투쟁에 대한 두려움에서 생겨난 증상이라고 할 수 있지 않을까 싶습니다.

정식 III은 정식 I과 같은데 다만 '잉여노동/필요노동'을

'불불노동/지불노동'으로도 표현할 수 있다고 본 겁니다. 사실 '잉여가치' 내지 '잉여노동'을 '불불노동'이라고 쓰면 오해가 생겨날 수 있습니다. 자본가가 노동자에게 지불해야 할 것을 지불하지 않았다고 생각할 수 있는 거죠. 그러나 1노동일 동안 노동력을 사용할 때 필요노동시간만큼 지불하는 것은 합법적이고 정당한 지불입니다. 1노동일을 쓸 때의 노동력이라는 상품의 가치가 그만큼이니까요. 자본가는 상품으로서 노동력의 가치에 대해 지불하는 것이지 노동력의 사용에 대해, 즉 '노동'에 대해 지불하는 것은 아닙니다.[김, 722; 강, 730~731]

그러나 마르크스는 '잉여노동'에 대한 이런 '통속적' (populärer) 표현에도 의미가 없는 것은 아니라고 봅니다. 오히려 그는 민중들이 하는 말을 정식 III으로 정식 소개하고 있는 셈입니다. 이 정식에는 고전파 경제학자들의 정식 II보다 뛰어난 통찰이 담겨 있습니다. 자본가는 값을 치른 노동력에 대한 전적 처분권을 갖는데요. 정식 III은 노동력이라는 상품만이 갖는 특성을 잘 표현하고 있습니다. 아울러 왜 자본가가 이 상품을 구매했는지, 더 나아가 이 상품에 대한 전적 처분권을 행사한다는 게 어떤 의미인지를 보여줍니다.

정식 III은 자본가가 노동력을 두 가지 용도로 나누어 쓰는 것처럼 표현하고 있습니다. '필요노동'과 '잉여노동'으로 노동일을 나누고 있지요. 전자의 경우 노동력은 여느 상품과 같습니다. 자본가는 노동력 사용을 통해 자신이 투하한 가치만큼의 생산물을 얻습니다. 그런데 후자의 경우에는 여전히 노동력을 사용하는데도 여기에 들인 돈이 없습니다. 즉 무상으로 이것을 누리고 있는 것이지요. '불불노동'이라는 표현은 자본가가 이것을 무상으로 얻었다는 점을 보여줍니다. 스미스는 자본이란 "노동에 대한 지휘권"이라고 했는데, 정식 III의 '불불노동'은 자본이 누리는 이 권리, 즉 타인의 노동을 무상으로 이용할 수 있는 권리야말로 자본이 가진 지휘권의 정체라는 것을 보여줍니다. 자본의 자기증식이 가능한 것, 한마디로 자본이 가능한 것도 자본이 이 권리를 보장받고 있기 때문이지요.[김, 723; 강, 731]

4

임금에서 생기는 착시 현상

자본과 노동의 교환을,
마치 구매자가 돈을 건네면
판매자가 물건을 내주는 것처럼 생각하는
이들이 많습니다.
노동을 했으니 그만큼의 임금이 지급되었다고,
또 임금을 받았으니 그만큼의 노동을
제공한 것이라고….
무언가를 받았으면
그와 등가인 물건을 주거나 행위를 해준다는
정도의 의식으로 자본과 노동의 교환을
이해하기 때문에 자본이 내민
'임금'과 노동자가 제공한 '노동'이 등가라고
쉽게 생각하는 것이지요.

카미유 피사로, 〈제화공〉, c. 1878.
사람들은 노동자가 자본가에게 구두를 만들어주고 천을 만들어주는 노동을
행하는 것은 알지만 이 과정에서 가치 또한 생산한다는 것은 잘 알지 못한다.
그저 노동자의 구체적 유용노동, 이를테면 제화노동과 방적노동에 대해
자본가가 임금으로 지불했다고 생각할 뿐이다.

이제 제6편 "임금"으로 이동합니다. 제6편은 임금에 관한 네 개의 장으로 이루어져 있는데요. 다른 편들에 비해 분량이 짧습니다. 하지만 "임금" 편을 『자본』 I권에 넣었다는 것만으로도 마르크스가 부르주아 경제학자들과 얼마나 다른 시각을 가졌는지가 드러납니다.[47]

◦ 임금은 노동소득이고 이윤은 불로소득이다

대체로 부르주아 경제학에서는 임금을 분배의 문제로 다룹니다. 생산요소들에 따라 가치생산물이 분배된다고 보지요. 자본, 토지, 노동에 대해 각각 이윤, 지대, 임금이 분배된다는 겁니다. 그러나 앞서 잉여가치율의 정식 II에 대해 말한 것처럼 마르크스는 가치생산물이 이윤과 임금으로 분배된다는 부르주아 경제학자들의 생각을 강하게 비판했습니다. 임금은 생산물에 대한 노동의 기여분을 생각해서 분배한 몫이 아니니까요.

자본주의는 자본가가 이윤(잉여가치)을 얻기 위해 자본을 투자해 상품을 생산하는 체제입니다. 노동력은 자본가가 생산을 위해 생산수단과 함께 구매한 상품으로서, 생산에 투자된 자본의 일부이지요. 생산에 투자된 자본은 생산수단인 불변자본과 노동력인 가변자본으로 이루어져 있습니다. 자본가는 시장에서 구매한 노동력을 사용해 잉여가치를 얻습니다. 이 잉여가치의 일부를 지주에게 지대로 지급하죠. 만약 그가 투자한 자본이 대부자본가에게 빌린 것이라면 잉여가치의 일부를 이자로도 지급하겠지요. 이처럼 이윤과 지대와 이자는 모두 잉여가치의 특수한 형태로서, 노동력을 통해 생산된 잉여가치를 분배한 것입니다.

하지만 임금은 다릅니다. 노동력의 가치(가격)로서의 임금은 생산과정에 들어가기 전에, 자본가가 구매하는 시점에 이미 정해져 있습니다. 노동력의 가치는 다른 상품들이 그렇듯 노동력을 생산(재생산)하는 데 필요한 사회적 노동량입니다. 그리고 자본가가 구매하면서 지불한 이 가치는 생산과정에서 재생산됩니다. 가치의 생산과정에서 노동자는 잉여가치와 함께 노동력의 가치 즉 자신의 임금을 생산합니다.

마르크스는 가치의 생산과정에서 생산수단의 가치는 '재현'되지만 노동력의 가치는 '재생산'된다고 했는데요(『생명을 짜 넣는 노동』, 135쪽). 생산물의 가치에 담긴 생산수단의 가치는 과거에 생산된 가치를 이전한 것이고, 노동력의 가치와 잉여가치는 노동자가 새로 생산한 가치임을 나타내기 위해 한 말입니다. 자본가가 노동력을 구매할 때 이미 값을 치렀다는 전제하에, 노동자는 생산과정에서 노동력의 가치를 재생산한다는 뜻입니다. 노동력 판매의 대가로 시장에서 받은 임금을 생산과정에서 자본가에게 되돌려준 겁니다(자기 임금을 자기가 생산해서 자본가에게 건네주는 셈이지요).

다른 상품들과 달리 노동력의 경우에는 값을 나중에 치르는 관행 때문에 임금을 노동에 대한 대가로서 분배받은 것이라고 착각할 수 있는데요. 원리상으로는 노동력의 가치(임금)에 대한 지불이 먼저이고, 그것에 해당하는 가치를 노동자가 생산한다고 보는 게 맞습니다. 이것이 마르크스가 임금을 분배가 아니라 생산의 문제로 다루는 이유이지요.

여기서 잠깐 『자본』의 전체 구성을 다시 보죠. 우선 I권에서는 '가치의 생산'을 다룹니다. '자본'이라는 것이 애초 가치의 자기증식(잉여가치 생산)으로 규정되기 때문에, I권에서 가치의 생산을 다루는 것은 당연합니다. 『자본』 II권은 전반부에서 '자본의 유통'을 다루고 후반부에서 '사회적 총자본'을 다룹니다. 그리고 『자본』 III권에서 이윤과 이자, 지대를 다룹니다. 노동자가 생산한 잉여가치를 분배한 것들이죠. 지금 우리가 살피고 있는 "임금" 편이 『자본』 I권에 있다는 것은 마르크스가 임금을 이들 이윤·이자·지대와는 전혀 다른 것으로 본다는 뜻입니다. 노동자의 임금은 노동자가 가치의 생산과정에서 생산한 것으로, 노동자가 생산한 것을 무상으로 취한 이윤·이자·지대 등 소위 '불로소득'과는 전혀 다르다는 말입니다.

○ 임금은 노동의 대가가 아니다

임금은 노동력의 가치를 화폐로 표현한 것입니다. 한마디로 노동력의 가격이라 할 수 있지요. 그런데 일상적으로 임금은 이런 의미로 쓰이지 않습니다. 노동자가 제공한 노동에 대한 대가로 간주되지요. 노동력의 가치, 노동력의 가격, 임금… 비슷한 말이 나열되니 좀 혼란스럽지요? 이번 장에서는 이 세

가지, 특히 앞의 두 가지와 임금을 구별하는 것이 중요합니다. 본격적으로 이야기를 펼치기 전에 이 세 개념을 간략히 정리해보도록 하겠습니다.

먼저 '노동력의 가치'에 대해 말해볼까요. 모든 상품의 가치는 해당 상품을 생산하는 데 필요한 사회적 노동량에 따라 결정됩니다. 노동력도 상품인 한에서 노동력을 생산하는 데 필요한 사회적 노동량으로 가치가 정해지지요. 노동력의 경우에는 노동자에게 필요한 생활수단들의 가치를 더해서 구했습니다.

그런데 우리가 『자본』 제1장에서 본 것처럼, 모든 상품의 가치는 그 자체로 직접 나타나지 못합니다. 항상 다른 상품과의 일정한 교환 비율로 나타나지요. '아마포 20미터＝외투 1벌'. 상품의 가치를 화폐(화폐상품)와의 교환 비율로 나타낸 것을 '가격'이라고 부릅니다.

그런데 우리 시리즈 3권에서 이미 살펴본 것처럼 '가치'를 '가격'으로 나타낼 때 어떤 괴리가 생겨납니다. 한 상품의 가치는 그 상품을 생산하는 데 필요한 사회적 노동량에 따라 '내재적으로' 결정되지만, 가격이란 그 상품과 화폐상품의 교환 비율에 따라 정해지기 때문에 '외재적으로' 결정될 수밖에 없습니다. 상품의 가치가 화폐상품의 몸을 빌려 표현된다는 사정 때문에 괴리가 생기는 면도 있고(화폐상품의 가치 변동때문에 노동력의 가치 변동이 일어났음에도 표현되지 않거나, 일어나지 않았음에도 일어난 것처럼 보일 수 있지요), 상품교환이 시장에서 이루어진다는 사정 때문에 시장의 사정, 이를테면 수요와 공급이 가격의 변동을 초래할 수도 있습니다. 또한 '자본의 구성' 즉 불변자본과 가변자본의 비율이 어떻게 되느냐에 따라 가치와 가격의 괴리가 생기기도 합니다(이에 대해서는 『자본』 III권이 다룹니다. 『화폐라는 짐승』, 94~100쪽도 참고).

상품의 가격이 그 가치를 그대로 나타내지 않는 것은 자본주의적 상품 생산이 유지되는 한 피할 수 없는 문제입니다. 이 점에서는 노동력도 예외가 아닙니다. 노동력의 가치와 가격에도 괴리가 생겨납니다. 이미 제5편(제15장)에서 마르크스는 노동력의 가격이 그 가치보다 높아지는 상황을 놓고 논의를 펼쳤습니다.

그런데 제6편의 첫 장인 제17장(영어판은 제19장)의 제목이 매우 의아합니다. "노동력의 가치 또는 가격의 임금으로의 전화"인데요. 노동력의 가치와 가격을 하나로 묶고 임금을 별개의 것처럼 다루었습니다. 임금이 노동력의 가격이 맞는다면 제목을 '노동력의 가치의 노동력의 가격 또는 임금으로의 전화'라고 써야 할 것 같은데 말이지요. 마르크스는 왜 임금을 '노동력의 가격'과는 다른 것처럼 보이도록 썼을까요.

그 이유는 제17장의 첫 문장에 있습니다. "부르주아사회의 표면에서는 노동자의 임금이 노동의 가격, 즉 일정량의 노동에 대해 지불되는 일정량의 화폐로 나타난다."[김, 727; 강, 735] 『자본』에서 자주 출몰하는 동사인 '나타난다'(erscheinen)에 눈길이 가는데요. 부르주아사회에서는 사람들의 눈에

'그렇게 보인다'라는 겁니다. 일종의 착시 현상을 지적하는 동사라고 할 수 있습니다. 본디 임금은 '노동력의 가격'과 같은 말입니다. 노동력이라는 상품의 가치를 화폐로 표현한 것이니까요. 그런데 부르주아사회에서 임금은 '노동력의 가격'이 아니라 '노동의 가격'으로 보입니다. 노동자가 일한 만큼 자본가가 지불하는 것이 임금이라는 겁니다. 이를테면 이런 식이지요. 하루 노동일이 12시간(6실링), 이 중 필요노동시간이 6시간(3실링)이라고 합시다. 여기서 '노동력의 가치'는 6시간입니다(노동력 생산에 필요한 사회적 노동량을 편의상 시간으로 표현했습니다). 이 6시간의 노동량을 화폐로 표현한 3실링이 '노동력의 가격'입니다. 그런데 이 가격(3실링)을 노동자가 제공한 전체 노동에 대한 대가로, 즉 12시간 노동의 대가로 간주한 것이 '임금'입니다.

이는 이론적으로는 엉터리이고 이데올로기적으로는 교활합니다. 이론적으로 엉터리라는 건 '노동의 가격'(혹은 '노동의 가치')이라는 말이 무의미한 동어반복이라는 걸 모른다는 뜻에서 한 말이고요(노동과 노동력을 구분하지 못한다는 뜻이지요), 이데올로기적으로 교활하다는 건 노동자가 행한 모든 노동에 대해 지불이 이루어진 것처럼 보이게 하기 때문입니다. 불불노동으로서 잉여노동의 존재를 은폐하는 겁니다.

∘ '노동의 가격'이라는 엉터리 말

부르주아사회의 표면에서는 '임금'이 '노동의 가격'으로 나타난다고 했는데요. 먼저 '노동의 가격'이라는 말 자체가 얼마나 엉터리인지부터 간단히 살펴보겠습니다. 가격은 가치를 화폐로 나타낸 것인데요. '노동의 가격' 이전에 '노동의 가치'라는 말부터가 성립할 수 없습니다. 시리즈의 이전 책에서 몇 번 강조해 말했듯 노동은 가치의 실체입니다. 한 상품의 가치가 얼마만큼인가는 그 상품에 대상화된 노동(추상노동)의 양을 묻는 것과 같습니다. 노동량이 가치량이지요. 그런데 다시 '노동의 가치'를 묻는다면 '무게의 무게'를 묻는 것만큼이나 이상한 말이 됩니다. 이를테면 한 상품의 가치가 6노동시간(가격으로는 3실링)이라고 해봅시다. 그런데 누군가 '6노동시간의 가치는 얼마인가'라고 묻는다면 어떻게 될까요? 그것은 마치 '6킬로그램의 무게는 얼마인가'라고 묻는 것과 같습니다. 무의미한 동어반복이죠.

그럼에도 고전파 경제학자들은 가치의 실체인 '노동'과 거래 상품인 '노동력'을 명확히 구분하지 못했습니다. 그래서 노동을 모든 상품들의 가치척도라고 말하면서 동시에 다른 상품들과 거래되는 상품으로 간주했습니다(『성부와 성자』, 114~115쪽). '노동의 가치' 내지 '노동의 가격'이라는 표현은 노동을 상품으로 간주할 때 쓸 수 있는 표현이지요. 하지만 생산과정에서 비로소 발휘되는 노동자의 '노동'이 그 자체로 상품이었다면, 그래서 생산과정에 들어가기 전부터, 심지어 판매되기 이전부터 따로 존재하고 있다면 노동자가 굳이 노동하러 갈 필요가 없었겠지요. 그 상품을 팔면 되니까요.[김,

백번 양보해서 노동이 상품이고 임금이 '노동의 가격'에 해당한다고 해봅시다. 그렇게 되면 무슨 일이 생길까요. 만약 상품교환의 기본법칙인 등가교환이 지켜진다면, 노동의 가치는 노동으로 생산된 생산물의 가치와 같을 겁니다. 임금을 노동의 양만큼 지급한다면, 노동의 양만큼 만들어진 상품의 양과 같아야겠지요. 이것은 노동자가 생산한 가치생산물 모두를 노동자에게 지급해야 한다는 뜻입니다. 달리 말하면 잉여가치가 없다는 뜻이지요. 잉여가치가 없다는 것은 자본이 없다는 것이고요. 그러므로 임금을 '노동의 가격'이라 하고 등가교환의 법칙을 지킨다면 자본주의가 불가능합니다.[김, 728; 강, 736]

만약 등가교환의 법칙을 지키지 않는다면 어떻게 될까요. 12시간 노동을 시켜놓고 10시간만큼만 지불한다면요. 동일하지 않은 것을 교환하는 셈인데요. 자본가는 노동자를 부려서 잉여생산물을 챙길 겁니다. 그렇게 해서 부를 늘릴 수도 있겠지요. 하지만 등가교환이 허물어지면 가치법칙 자체가 허물어집니다. 가치대로 교환되지 않는 상품의 가치가 무슨 의미를 가질까요. 이것은 법의 세계, 법칙의 세계가 아니라 사기와 폭력의 세계입니다. 여기서 논할 필요가 없지요.[김, 729; 강, 736~737]

참고로 시스몽디(Sismondi)는 노동과 다른 상품들을 교환할 때, 둘의 가치가 시간상으로 다르다는 점을 이용해서 잉여가치를 정당화할 수도 있지 않을까 생각했습니다. 다른 상품들은 과거 노동의 산물, 달리 말하면 이미 '대상화된 노동'이라 할 수 있습니다. 반면 노동이라는 상품은 앞으로 실현될 노동, 즉 아직 '살아 있는 노동'입니다. 자본가는 노동자에게 대상화된 노동으로 지불하고 살아 있는 노동을 얻습니다. 예를 들어 자본가가 '쌀'을 주고 노동자를 고용한다고 해봅시다(자본가가 이 쌀을 화폐로 바꾸어서 노동자에게 주어도 똑같은 이야기입니다). 쌀은 과거에 생산된 겁니다. 반면 자본가가 고용한 '노동자'는 미래에 사용할 것이지요. 시스몽디는 이런 시간 차이에서[과거에 생산된 가치(생활수단들)로 미래에 사용할 가치(노동력)를 지불하는 것] 잉여가치가 생길 수도 있지 않을까 생각한거죠.[김, 729, 각주 4; 강, 737, 각주 4] 그러나 모든 상품의 가치는 그것이 언제 생산되었는가에 상관없이 지금 그것을 생산하는 데 필요한 사회적 노동량으로 결정됩니다. 과거에는 6시간의 노동을 필요로 했다고 해도 현재의 생산조건에서 3시간 노동으로 충분하다면 그것의 가치는 6시간이 아니라 3시간입니다.[김, 729; 강, 737] 그러니까 이런 식으로도 잉여가치를 정당화할 수는 없습니다.

결국 노동이 상품이고 임금이 '노동의 가격'에 해당한다면, 마르크스의 말처럼 두 가지 선택지만이 남습니다. "자본주의적 생산 그 자체가 폐지"되거나 "가치법칙이 폐기"되거나.[김, 728; 강, 736] 두 경우 모두 말이 안 됩니다. 그럼 문제는 어디에 있었는가. 바로 '노동' 자체를 상품으로 간주한

데 있습니다. 화폐소유자는 시장에서 '노동'을 들고 오는 것이 아닙니다. 그는 노동자를 만나지요. 노동자가 판매하는 것은 '노동'이 아니라 '노동력'입니다. 노동이 아니라 노동력이 상품인 것이지요. 노동은 이 노동력을 사용할 때 비로소 현실화되는 것입니다(노동과 노동력이 어떻게 다른지, 이 구분이 어떤 의미를 갖는지에 대해서는 여기서 더 이야기할 필요가 없을 것 같습니다. 이미 시리즈 4권에서 충분히 다루었으니까요. 『성부와 성자』, 112~120쪽, 163~170쪽).

"노동은 가치의 실체이며 내재적인 척도이지만 그 자체는 가치를 갖지 않"습니다. 가치를 갖는 것은 '노동력'이지요.[김, 730; 강, 737] 그러므로 '노동의 가치', '노동의 가격' 같은 말은 성립하지 않습니다. '노동력의 가치', '노동력의 가격'이 정확한 표현이지요. 문제는 그런데도 '노동의 가치', '노동의 가격' 같은 말이 통용된다는 사실입니다. 노동은 상품이 아니고 그 자체로 가치를 갖는 게 아님에도 그런 것처럼 표현되고 있습니다.

마르크스는 '노동의 가치' 같은 엉터리 표현에서는 '가치' 개념 자체가 소멸되고 심지어는 "그 대립물로 전도"된다고 했습니다.[김, 730; 강, 737] 노동이 가치를 규정하는 실체인데 노동의 가치를 묻는 식으로 뒤집혀 있으니까요. 가치를 갖지 않음에도 가치를 가진 상품처럼 나타나는 것들이 있지요. 실상은 인간노동의 산물이 아니어서 가치가 들어 있지 않음에도 가격이 형성된 것들 말입니다. 마르크스는 『자본』 제

3장에서 가치와 가격의 괴리를 다룰 때도 이 점을 언급한 바 있는데요. 가치와 가격의 괴리가 커지면 가치가 없는 가격, 이른바 '가상적 가격형태'가 생겨난다고요(『화폐라는 짐승』, 103~104쪽). 이 중 어떤 것들은 실제로 가치가 전혀 없음에도 일정액의 화폐로 거래되는 경우가 있고(양심이나 명예 등), 어떤 것들은 가상적이기는 하지만 어떤 실질적 가치관계를 배후에 둔 경우도 있지요(미개간지의 매매).

사실 후자의 예는 아주 많습니다. 그 자체로는 상품이 아닌데 수요·공급에 따라 가격이 변동하며 상품처럼 거래되는 것들 말입니다. 일종의 유사 상품 내지 허구 상품들인데요. 마르크스는 당시 토지를 그렇게 보았습니다. 토지는 인간이 생산한 것이 아니고 인간에게 주어진 것입니다. 지주는 토지를 제작하고 판매해서 잉여가치를 얻지 않습니다. 토지를 임대해주고 지대를 얻지요. 토지의 판매자가 생산물로서 토지를 파는 것이 아니듯이, 토지의 구매자도 지대를 얻을 수 있는 법적 권리로서 소유권, 즉 '땅문서'를 얻는 것이지, 소비 물품으로서 토지를 얻는 것이 아닙니다(물론 토지를 개간해 판매하는 회사가 있다면 이 경우 토지는 상품이 될 수도 있겠지요. 건물의 경우에는 양쪽 모두 가능합니다. 건물을 지어서 지대를 받을 수도 있고 건물 자체를 상품으로 판매하는 경우도 있으니까요).

주식이나 채권도 마찬가지입니다. 주식시장도 있고 채권시장도 있으며 매일 엄청난 물량의 거래가 이루어집니다만 이것들은 일정한 이익을 배당받을 법적 권리 증서들이지 경제적 상품이 아닙니다. 인간노동의 산물이 아니지요. 그러니 이것들을 생산하는 데 필요한 사회적 노동량이라는 게 의미가 없습니다. 상품이라는 말을 쓰고는 있지만 엄밀한 의미에서 상품이라기보다는 상품처럼 통용되는 유사상품이라 할 수 있습니다.

물론 이런 유사상품들이 아무 사회에나 존재하는 것은 아닙니다. 마르크스는 '토지의 가치'가 하나의 "가상적(imaginärer) 표현"이긴 하지만, 그럼에도 이런 표현은 "생산관계 그 자체에서 생겨난 것"이고, "본질적 관계들의 현상형태를 나타내는 범주"라고 했습니다.[김, 730; 강, 738] 마르크스의 말이 어렵지요? 우리 눈에 나타난 현상들은 뒤에 있는 본질적 관계들을 나타낸다는 뜻인데요. 토지의 가치라는 말은 가상적 표현이지만 그럼에도 우리가 살고 있는 사회가 모든 것을 상품으로 보는 사회, 즉 모든 것에 대해 '얼마짜리'인지 묻는 사회라는 것을 보여준다는 그런 말입니다. 일종의 가상이지만 자본주의 시대에 고유한 가상이라는 것이지요.

◦ '노동의 가격'이라는 교활한 말

마르크스는 고전파 경제학자들의 가치론이 지닌 큰 문제가 가치의 실체로서의 '노동'과 상품으로서의 '노동력'을 구분하지 못한 점에 있다고 보았는데요. 일상에서 통용되는 '노동의 가격'이라는 말을 무비판적으로 받아들이다 보니, 한편으로는 노동을 모든 상품의 가치 실체라고 해놓고, 다른 한편으로는 시장에서 거래되는 하나의 상품처럼 다루었지요. 그래서 스미스 같은 사람은 다른 모든 상품의 가치를 노동량으로 재면서 '노동의 가치'는 '곡물의 가치'로 재는 어처구니없는 짓을 저질렀고(곡물의 가치는 노동으로 재는데 말이지요), 리카도 같은 사람은 생산물 전체의 가치는 거기 투여된 노동량만큼이라고 말해놓고 그것을 생산한 '노동의 가치'는 그보다 적게 만들었습니다. 노동을 투입해 '100'만큼의 가치생산물을 만들었으면 노동자가 투여한 노동의 가치도 '100'이어야 하는데 말이지요(물론 이렇게 되면 잉여가치는 생겨날 수 없습니다). 그는 '노동의 가치'를 노동자의 생산비(생계비)로 바꾸었습니다. 사실상 '노동력의 가치'를 계산하려 한 것이지요. 하지만 그는 '노동의 가치'라는 말을 썼기 때문에 왜 '노동의 가치'가 생산물에 들어 있는 노동량(노동자가 투여한 노동량)이 아니라 노동자의 생산비(노동자와 가족을 부양하는 가치)로 측정되어야 하는지를 말할 수 없었습니다(『성부와 성자』, 139~140쪽).

앞서도 말했지만 마르크스는 이들이 진실에 거의 도달은 했다고 했습니다. 잉여가치를 해명할 수 있는 곳까지 단지 한 걸음만 남겨두었을 뿐이죠. 마르크스에 따르면 고전파 경제학은 '노동의 가격'이라는 말을 일상에서 빌려 온 뒤 이 가격이 어떻게 정해지는지에 관심을 가졌습니다. 상품들의 가격은 수요와 공급에 달려 있다고 생각했기에 '노동의 가격'도 기본적으로는 수요와 공급에 따라 결정될 것이라고 봤습니다.

하지만 수요와 공급은 상품의 가격변동은 설명해주지

만(수요가 늘면 가격이 올라가고 공급이 늘면 가격이 내려간다는 식으로요), 변동이 멈추었을 때, 그러니까 수요와 공급이 일치했을 때 그 가격이 무엇을 의미하는지는 설명할 수 없었습니다. 이 가격을 중농학파는 '필요가격'이라고 불렀고, 스미스는 '자연가격'이라고 불렀는데요. 노동의 경우에도 자연가격이 있을 겁니다. 이것의 정체가 무엇일까. 고전파 경제학자들은 이것이 바로 '노동의 가치'라고 생각했습니다.[김, 731; 강, 738~739]

그러면 노동의 자연가격은 어떻게 정해지는가. 고전파 경제학자들은 다른 상품들처럼 노동의 경우에도 생산비가 결정한다고 생각했습니다. 그런데 문제는 노동의 생산비라는 게 무엇이냐 하는 거였죠. 이들은 노동자와 그 가족의 부양에 필요한 양식과 생필품의 가격을 따졌습니다. 여기서 순환논리가 생겨나는데, 앞서 지적했던 것처럼 상품들의 가치는 노동으로 재는데 노동의 가치는 다시 상품들로 재야 했기 때문입니다. 에셔(M. C. Escher)의 작품 속 '서로 그리는 손'처럼 되고 말았지요(〈그리는 손〉Drawing Hands, 1948). 만약 이들이 가치의 실체인 '노동'과 상품인 '노동력'을 구분했다면 이런 문제가 생기지 않았을 겁니다. 척도가 상품이 되고 상품이 척도가 되는 일은 없었겠지요.[김, 731~732; 강, 739]

'노동의 가치', '노동의 가격'이라는 말은 고전파 경제학의 이론적 한계와 실패를 보여줍니다. 하지만 이들의 이론적 실패가 곧 이데올로기적 실패는 아닙니다. 이들이 남긴 오류는, 마르크스의 표현을 쓰자면, "겉으로 드러난 현상에만 충실한 속류경제학의 튼튼한 무대"가 되어주었으니까요.[김, 732; 강, 739] '노동력의 가치'와 '노동력의 가격'에 대한 잘못된 표현인 '노동의 가치', '노동의 가격'은 곧바로 '임금'을 가리키는 말이 되었습니다. 즉 '임금'이 노동자가 제공한 노동 전체에 대한 지불로서 나타났지요. 이를테면 노동자가 하루 12시간 일하고 3실링을 받았다면, 3실링이 '임금'이고 이는 12시간 노동에 대한 대가라는 식이죠. 12시간 동안 행한 '노동의 가격'이 3실링이라는 겁니다. 그럼 노동의 단가를 금방 계산할 수 있겠지요. 12시간당 3실링입니다. 6시간을 일하면 1.5실링으로 환산할 수 있고요.

하지만 본래 3실링의 의미는 이런 게 아닙니다. 이 예시에서 잉여가치율이 100퍼센트라면 6시간은 필요노동시간, 6시간은 잉여노동시간이 될 겁니다. 3실링은 6시간의 필요노동시간에 해당하는 가격이지요. 다시 말해 3실링은 '노동력'의 가격입니다. 그런데 이게 '임금'이 되면 12시간 '노동'에 대한 가격으로 간주됩니다. 그럼 이론적으로 어떤 문제가 생기는가. 12시간 노동의 가격은 3실링(6시간)인데, 이 노동으로 생겨난 가치생산량(노동량)은 6실링(12시간)이 됩니다. 3실링(6시간)이 투입 노동 전체에 대한 정당한 지불이라면, 노동량을 6시간 투입했는데 12시간 노동이 담긴 생산물이 나온다는 것과 같습니다. 그야말로 '어처구니없는 결론'이지요.[김, 732; 강, 740]

그런데 임금형태는 이런 사실을 은폐합니다. 임금을 '노동의 가격'으로 간주하면 노동자는 자신이 제공한 노동 일체에 대해 지불을 받은 것처럼 됩니다. 임금을 노동력의 가치(가격)에 대한 지불이라고 말하면 노동력의 가치를 넘어서는 부분에 대해서도 말할 수 있습니다만, 노동의 가격에 대한 지불이라고 하면 그런 게 모두 사라집니다. 필요노동과 잉여노동, 지불노동과 불불노동 등의 구분이 전혀 안 보이게 되는 거죠. "모든 노동이 지불노동으로 나타"납니다.[김, 733; 강, 741]

마르크스는 "현실관계를 은폐"하고 심지어 카메라 어둠 상자에서 형상이 뒤집히듯 현실관계를 "반대로 나타나게 하는"; 이런 임금형태에 입각해 자본주의적 정의와 공정의 표상이 만들어진다고 비판합니다. "노동자와 자본가의 모든 권리 개념들(법적 표상들), 자본주의적 생산양식의 모든 신비화, 이 생산양식의 모든 자유 환각, [이 생산양식을 옹호하는] 속류경제학의 모든 변호론적 헛소리들이" 나온다는 것이지요.[김, 734; 강, 741] 임금은 '노동의 가격'에 대한 지불이라는 말 때문에, 자본가가 임금을 내밀며 노동자에게 "줄 것 다 주었다"라고 말할 수 있는 정의의 표상이 만들어진다는 겁니다. 이처럼 '노동의 가격'은 이론적으로는 엉터리지만 이데올로기적으로는 대단한 효능을 발휘합니다. 이것이 이 엉터리 말이 좀처럼 사라지지 않는 이유겠지요.

∘ '당신이 일한 만큼 받는 것'이라는 거짓말

그렇다면 노동자들은 왜 이런 엉터리 말을 받아들이는 걸까요. 마르크스는 몇 가지 이유를 들었는데요. 일단 자본과 노동의 교환이 일반적 상품 매매처럼 지각되기 때문입니다.[김, 734; 강, 741~742] 노동력이라는 상품의 독특함이 인식되지 않는 것이지요(노동자가 판매한 것은 노동력의 사용권이고, 노동력 하루 사용권의 가치는 노동력을 하루 사용해서 얻는 가치보다 작다는 말을 이해하기가 쉽지 않습니다). 그래서 자본과 노동의 교환을 구매자가 돈을 건네면 판매자가 물건을 건네는 것처럼 생각합니다. 노동을 했으니 그만큼의 임금이 지급되었다고, 또 임금을 받았으니 그만큼의 노동을 제공한 것이라고 생각하지요. 마치 동등성에 대한 법률적 표현과 같습니다. 무언가를 받았으면 그와 등가인 물건을 주거나 행위를 해줍니다. 어떤 행위를 받았으면 그와 등가인 행위를 하거나 물건을 줍니다. 이런 정도의 의식으로 자본과 노동의 교환을 이해하기 때문에 자본이 내민 '임금'과 노동자가 제공한 '노동'이 등가라고 쉽게 생각하는 것이지요.[김, 734; 강, 742]

'노동의 가치(또는 가격)'라는 엉터리 말이 받아들여지는 또 다른 이유는 교환가치와 사용가치가 그 자체로는 비교 불가능하다는 사실과도 관련이 있습니다. 교환가치와 사용가치는 서로 나란히 놓고 크기를 비교할 수 있는 게 아닙니다. 더욱이 매우 '독특한 상품'인 노동력의 경우, 곧 설명하겠지만 사용가치와 교환가치를 뒤섞어 표현하는 경우도 많습니다.

162

사실 이런 걸 일상적으로 세세하게 문제 삼는 경우는 별로 없지요. 마르크스의 표현을 빌리자면 이런 문제는 "일상적 의식 바깥"에 있습니다.[김, 735; 강, 742]

노동자는 한편으로 '구체적 유용노동'을 통해 물건을 만들고 다른 한편으로 '추상노동'을 통해 가치를 생산합니다. 이것이 자본가가 노동력을 구매한 이유 즉 노동력의 사용가치입니다. 그런데 사람들은 노동자가 자본가에게 구두를 만들어주고 천을 만들어주는 노동을 행하는 것은 알지만 이 과정에서 가치 또한 생산한다는 것은 잘 알지 못합니다. 그저 노동자의 구체적 유용노동, 이를테면 제화노동과 방적노동에 대해 자본가가 임금으로 지불했다고 생각합니다. 사용가치와 교환가치를 혼동하는 것이지요. 그뿐 아니라 노동력 사용으로 만들어진 가치가 노동력의 가치와 다르다는 것도 알기 어렵습니다. 그래서 자본가가 지불하는 임금은 제화노동, 방적노동에 대한 대가일뿐더러 자신이 제공한 노동 전체의 가치를 모두 지불한 것이라고도 믿습니다.

사실 '자본' 개념의 핵심은 잉여가치이고, 잉여가치를 이해하기 위해서는 '노동'과 '노동력'을 엄격히 구분해야 합니다. 그런데 『자본』을 읽을 때 많은 사람들이 이것을 구분하는 데 어려움을 느낍니다. 가치의 실체로서 노동과 상품으로서 노동력을 구분하기가 쉽지 않은 것이지요. 그러니 일상생활에서 '노동의 가치', '노동의 가격'이라는 말이 그냥 통용되는 것도 무리는 아닙니다. 게다가 노동자들로서는 임금이 대체로 노동을 행한 후에 지급되기 때문에 노동에 대한 대가라고 느끼기 쉽습니다. 자본가가 '면화의 가격'을 지불하듯 '노동의 가격'을 지불했다고요.[김, 735; 강, 742]

그러다 보니 노동자들은 임금의 변동을 '노동의 가격' 변동으로 받아들입니다. 노동생산력의 변동으로 하루를 사용할 때 노동력의 가치가 6시간(3실링)에서 3시간(1.5실링)으로 줄어들면, 혹은 노동력의 가치는 불변이더라도 수요·공급의 변화로 그 가격이 오르거나 내리면 노동자들은 그것을 노동일 전체의 가치(12시간)가 변한 것으로 받아들입니다[이때 변한 것은 노동력의 가치(가격) 곧 필요노동시간인데 노동자들은 마치 12시간 노동의 가치가 변한 것처럼 생각합니다]. 자본가들도 마찬가지입니다. 그래서 자본가들은 이윤(잉여가치)이 노동자의 노동 전체에 대한 지불이 이루어지지 않았기 때문에 생긴 것이라는 말을 전혀 이해하지 못합니다. 단지 자신이 노동자의 노동을 시중 가격보다 싸게 사고 노동생산물을 시중 가격보다 비싸게 팔아서 이윤을 얻었다고 생각하지요. 한마디로 싸게 사서 비싸게 판 자신의 '뛰어난 상술' 덕분이라는 거죠.[김, 736; 강, 743]

현상적으로는 그럴 듯합니다. 물컵에 넣은 나무막대가 꺾여 보이고, 가을하늘은 높아 보이며, 아무리 보아도 태양이 우리를 돕니다. 임금도 그렇습니다. 렌터카도 하루 빌리는 것보다 이틀 빌리는 것이 더 비싸듯 노동시간이 길어지면 임금도 올라갑니다. 그러니 임금은 일한 만큼 지급된다는 말이 그럴싸합니다. 오히려 자본가가 지불하는 것이 노동의 가치가 아니고 노동력의 가치라는 말이 더 어색해 보입니다. 태양이 돌고 있는데도 지구가 돌고 있다는 말처럼 말이죠. 노동력의 가치가 자본가가 구매하기 전 그 노동력을 생산하는 데 필요한 사회적 노동량으로 미리 정해진다면 왜 동일한 기능을 수행하는 노동자들의 임금이 저마다 다른 걸까요. 그건 임금이 노동력이 아니라 노동의 가격이기 때문 아닐까요. 똑같은 노동을 해도 그 노동량이 다르니까 다른 임금을 받는 게 아니냐는 것이지요.[김, 736; 강, 743]

그러나 자본주의에서 노동력 매매와 관련된 모호한 점(매매하는 것이 노동력인지 노동인지)은 농노제나 노예제를 통해서 보면 명쾌하게 이해됩니다. 마치 자본주의에서는 필요노동시간과 잉여노동시간의 구분이 모호하지만(하루 노동시간에서 필요노동시간과 잉여노동시간을 특정해낼 수 없습니다) 농노제에서는 두 가지가 선명하게 보이는 것처럼 말입니다(자기 땅을 일구는 시간과 영주의 땅을 일구는 시간이 선명하게 나뉘지요). 마찬가지로, 노예제를 보면 매매되는 것은 노동이 아니라 노동력이라는 것이 선명히 드러납니다. 새로운 노예주가 예전의 노예주에게 지불하는 노예의 가격은 그의 노동에 대한 것이 아니라 노동능력에 대한 것이니까요. 마르크스의 말을 빌리자면 노예제에서는 "노동력 자체가 꾸밈없이 적나라하게 매매"됩니다. 비인격체인 상품으로서 걸어 다니는 노동력인 노예와 인격체로서 노동력의 소유자인 노동자의 차이는 판매의 주체가 다르다는 것뿐입니다. 노예는 자신이 아닌 제3자(예전의 노예주)가 판매자인 반면 노동자는 자기 자신이 판매자이지요. 그래서 노동력의 판매나 사용 과정에서 이익이나 손실이 생기면 노예의 경우에는 그것이 노예 소유주의 몫이 되지만 노동자의 경우에는 자기 몫이 됩니다.[김, 736; 강, 743~744]

농노제에서 선명한 필요노동과 잉여노동의 구분이 자본주의적 생산과정에서는 현상적으로 드러나지 않는 것처럼, 노예제에서 선명한 노동력의 매매가 자본가와 노동자의 거래에서는 현상적으로 드러나지 않습니다. 현상은 구부러진 막대이고 높아진 가을하늘이며 돌고 있는 태양입니다. 연구한다는 것, 탐구한다는 것은 드러난 현상을 그대로 믿는 것이 아니라 그것이 가리고 있는 것을 알아내는 것이고, 그것이 왜 그렇게 나타나게 되었는지를 이해하는 것입니다[『자본』 제1장의 첫 문장에서 마르크스가 자본주의 생산양식을 이해하는 관건이 부(가치)가 상품 형태로 나타날 수밖에 없는 이유를 아는 것에 있다고 한 것처럼 말입니다]. 이것이 마르크스가 생각하는 과학입니다. "관행적 사고형태들"(gang und gäbe Denkformen)을 넘어서야 "사물의 참된 관계"(wahren Sachverhalt)를 볼 수 있습니다.[김, 737; 강, 744]

물론 이것은 어렵습니다. 지적인 어려움 때문이 아닙니다. 부르주아 경제학자들, 고전파 경제학자들이 '노동의 가치'에서 '노동력의 가치'로 한 걸음을 더 내딛지 못한 것, 그들의 이론적 한계는 지성의 한계가 아니었습니다. 이 책을 시작하면서 언급한 것처럼 그것은 시각의 한계, 시야의 한계입니다. 달리 말하면 그들 스스로가 '모자를 눌러써서' 자기 앞을 가렸기 때문이지요. 이 모자를 벗지 않는 한, 이 렌즈를 자기 눈에서 빼내지 않는 한, 그들은 시각적 기만에서 벗어날 수 없습니다. 이것이 고전파 경제학에 대한 마르크스의 진단입니다. "고전파 경제학은 사물의 참된 관계에 접근했지만 의식에서는 그것을 정식화하지 못했다. 그들이 부르주아적 외피를 두르고 있는 한 그것은 불가능할 것이다."[김, 737; 강, 744]

5

임금형태를 둘러싼 술책

마르크스는 정말로 '형태'를 중시합니다.
이를테면 마르크스는 '가치의 실체'가 아니라
'가치의 형태'를 중시합니다.
자본주의에서는 가치가 어떤 형태를 취하는가에
관심을 가졌지요. 화폐를 기능별로 살필 때도,
화폐와 자본을 구분할 때도,
자본의 여러 운동들을 다룰 때도
마르크스는 언제나 형태에 주목했습니다.
이 점에서 그는 아주 일관됩니다.
임금형태에 대한 논의를 시작하는
이번 장에서도 그렇습니다.
기존의 경제학 개설서들에는
임금의 다양한 형태가 제대로 나타나지 않는다고
마르크스는 비판합니다.

히에로니무스 보스, 〈야바위꾼〉, 1475~1505.
마르크스는 미국의 보호무역주의자 케리를 엉터리 이론가라고 비판한다.
마르크스는 케리를 매우 희극적인 인물처럼 그리면서,
그의 주장은 고전파 경제학의 타락한 형태로서 속류경제학,
즉 어떤 일관성도 갖추지 못한 채 그저 일파의 이익을 보호하기 위해
온갖 논리를 들이대는 속물들의 경제학을 대변한다고 말한다.

지금까지 우리는 '노동력의 가치(또는 가격)'가 임금으로 나타나면, 곧 '임금형태'를 취하면 어떤 착시가 생겨날 수 있는지 살펴보았습니다. 임금은 '노동력의 가격'이 부르주아사회의 표면에서 나타나는 형태(현상형태)이지요. 마치 노동자가 제공한 노동 전체의 가격인 것처럼 말입니다. 마치 노동자가 제공한 노동 전체의 가격인 것처럼 말입니다. 그런데 임금은 그 자체가 다양한 형태를 취하고 있습니다. 말하자면 온갖 형태의 임금들이 있지요.

∘ 임금형태 ①—시간급제

언젠가도 말했지만, 마르크스는 정말로 '형태'를 중시합니다(『화폐라는 짐승』, 71쪽). 『자본』 제1장에서 '가치'에 대해 말할 때부터 그랬습니다. 마르크스도 노동을 '가치의 실체'라고 생각하지만 그것은 그보다 먼저 고전파 경제학자들, 이를테면 스미스나 리카도의 주장입니다. 그런데 사실 마르크스가 『자본』에서 더 강조한 것은 '가치의 실체'가 아니라 '가치의 형태'입니다. 자본주의에서는 가치가 어떤 형태를 취하는가에 관심을 가졌지요. 『자본』 제1장을 상품에서 시작한 이유도 그것이 가치의 기본 형태였기 때문입니다. 자본주의에서 가치가 우리 앞에 나타나는 가장 기본적인 형태는 상품이라는 것이지요. 이처럼 실체가 아니라 형태에 관심을 가졌기에 그는 형이상학에 빠지지 않았고 자본주의를 역사적으로 특수한 사회형태로서 분석할 수 있었을 겁니다.

사실 가치만이 아닙니다. 화폐를 기능별로 살필 때도, 화폐와 자본을 구분할 때도, 자본의 여러 운동들을 다룰 때도 마르크스는 언제나 형태에 주목했습니다. 이 점에서 그는 아주 일관됩니다. 『자본』 III권에서 그는 경제학자들의 큰 문제 중 하나가 "대체로 형태들의 구별을 고려할 때 나타나는 난폭함"에 있다고 했습니다. "소재적(stofflichen) 측면에만 관심"을 두고 있기 때문에 형태들의 차이를 무시한다는 거죠.⁴⁸ 임금형태들에 대한 논의를 시작하는 제18장(영어판은 제20장)에서도 거의 동일한 언급을 합니다. 임금의 다양한 형태들은 "소재에 대한 지나친(난폭한) 관심 때문에 형태들의 구별에 소홀한 경제학 개설서들"에는 나타나지 않는다고요.[김, 738; 강, 745]

물론 마르크스가 여기서 온갖 임금형태들을 모두 다루지는 않습니다. 그러면 『자본』 말고 『임금』이라는 책을 별도로 써야겠지요. 그는 두 가지 기본 형태만 다루겠다고 말합니다. 바로 '시간급제'(제18장)와 '성과급제'(제19장)입니다.

먼저 시간급제를 살펴볼까요. 크게 보면 대부분의 임금은 시간급의 형태를 취합니다. 우리가 일상에서 노동력의 가치를 지칭할 때 가장 흔히 사용하는 월급이니 연봉이니 하는 말은 기본적으로 노동력의 가치를 노동의 지속 시간에 따라 지급하기 때문에 나온 말들이지요. 노동일, 노동주, 노동월, 노동년에 따라 노동력의 가치는 일급, 주급, 월급, 연봉이 됩니다.

하지만 앞서 설명했듯이 임금을 '노동의 가격'이라고 생각해버리면 시간급제의 의미가 뒤틀립니다. 노동의 대가를 화폐로 받는다고 가정할 경우[노동의 대가를 '임금'이라 부르고, 그것을 화폐로 표현한 것을 '명목임금', 구매력(구매할 수 있는 생활수단의 양)으로 표현한 것을 실질임금이라고 합니다], 우리는 노동량과 화폐 사이의 비율을 얻을 수 있습니다. 말하자면 시간당 단가를 구할 수 있지요. 만약 12시간 일하고 3실링을 받았다면 그리고 이 3실링을 (자본주의 사회에서 흔히들 잘못 생각하듯) 12시간 노동에 대한 대가라고 간주한다면, 우리는 '1시간 노동의 가격'을 구할 수 있습니다. $\frac{1}{4}(=\frac{3}{12})$실링이지요.[김, 739; 강, 746]

사실 이런 계산이 얼마나 우스꽝스러운지는 표준노동일의 길이에 따라 그 값이 마구 변한다는 사실에서 알 수 있습니다. 하루 노동력의 가치가 3실링인데 표준노동일이 15시간이 되면 노동의 시간당 단가는 $\frac{3}{15}$, 즉 $\frac{1}{5}$실링이 됩니다. 그러다 표준노동일이 단축되면 단가가 바로 변합니다. 1노동일이 10시간이 되면 $\frac{3}{10}$실링이 되지요. 일급은 그대로인데 노동의 가격은 오를 수도 있고 떨어질 수도 있습니다. 반대로 노동의 가격이 고정되면 일급이 노동일의 길이에 따라 변할 수도 있습니다. 노동일이 10시간일 때 시간당 $\frac{3}{10}$실링이었다면 12시간이 되면 $3\frac{3}{5}(=\frac{3}{10}\times12)$실링이 되지요[김, 739~740; 강, 746] (독일어판에서는 화폐단위로 실링과 펜스를 번갈아 사용해 혼란스러울 수 있는데, 참고로 1실링=12펜스입니다).

노동일의 길이만이 아니지요. 노동강도가 높아지는 경우에도 똑같은 설명이 가능할 겁니다(노동의 외연적 크기 그대로 내포적 크기가 증대할 수 있으니까요). 명목임금은 그대로인데 노동의 단가는 얼마든지 낮아질 수도 있습니다. 작업속도가 두 배로 빨라졌는데도 명목임금이 그대로라면 노동의 단가는 떨어진 셈이지요.

노동량의 변화를 유발하는 요인은 또 있습니다. "기계와 대공업" 장을 살필 때 이미 언급한 것인데요(『자본의 꿈 기계의 꿈』, 61쪽). 여성과 아동 노동이 가장의 노동에 더해지는 경우 전체 투입 노동량이 달라지므로 노동의 단가가 또 변합니다. 그야말로 명목임금은 그대로 두고도 노동의 가격을 낮출 수 있는 여러 방법이 존재하는 겁니다.[김, 740; 강, 746~747]

○불완전취업 노동자의 고통──그런데 시간당 노동의 가격이 정해지면 자본의 교활한 술책이 발휘될 수 있습니다. 노동일이 12시간(6실링)이고 노동력의 가치가 6시간(3실링)이라고 해봅시다. 이는 1노동일 노동자를 사용할 때 노동력의 가치가 3실링이라는 뜻입니다. 그런데 이를 시간당 노동의 가격으로 환산하면 '3실링/12시간' 즉 1노동시간의 가격이 '¼'실링이라는 계산이 나옵니다. 여기가 문제의 장소인데요. 12시간에 3실링을 지급하는 것은 노동력의 가치에 대한 정당한 지불입니다. 시간당 ¼실링을 지급한 셈이라는 말도 맞습니다. 그런데 이것을 노동에 대한 단가로 간주하면 문제가 생깁니다. 시

간당 ¼실링이 노동에 대한 정당한 가격이라고 생각하면 15
시간에는 '15×¼'실링, 8시간에는 '8×¼'실링, 2시간에는
'2×¼'실링만 지급하면 정당한 지불로 보이거든요.

수학적 계산에는 아무런 문제도 없습니다. '3⁄12=¼'이
고, 이것을 15배로 하면 '15⁄4'이고, 8배로 하면 '8⁄4', 2배로 하
면 '2⁄4'지요. 하지만 경제학적으로는 그렇지 않습니다. 노동
력의 가치는 해당 노동력을 생산하는 데 필요한 사회적 노동
량이라고 했는데요. 12시간 동안 노동력을 사용할 때는 노동
력의 생산비용이 3실링이지만, 이것을 하루 2시간 혹은 15시
간 고용된 노동력의 가치에도 적용할 수 있을까요. 이 경우에
도 시간당 ¼실링만 지급하면 정당한 값을 치른 걸까요.

하루 반나절만 고용되거나 일주일 중 이틀만 고용되는
노동자를 생각해봅시다. 그는 결코 하루 3실링(6시간)을 벌
수 없을 겁니다. 그가 하루 2시간만 일할 수 있다면 ½실링을
받을 텐데요. 이렇게 되면 그는 노동력의 재생산은 고사하고
생존 자체가 불가능합니다. 3실링을 받고 12시간 일하는 것
은 가능하지만 ¼실링만 받고 1시간을 일할 수는 없습니다.
¼실링만 받고 하루를 보내면 그는 굶어 죽을 테니까요.

일정 길이의 노동일을 전제하지 않으면 '노동의 단가'라
는 말은 의미가 없습니다. 수학적 비례에선 문제가 없지만 노
동력에는 큰 문제가 생깁니다. 그래서 노동력의 가치는 비례
적으로 맞아떨어질 수 없습니다. 2시간을 일하는 경우 12시
간을 일할 때보다 노동력의 가치가 다소 떨어질 수는 있겠지

만, 노동력의 재생산을 고려한다면 그렇게 많이 떨어질 수는 없습니다.

　　최근 한 아르바이트 알선 업체가 조사한 바에 따르면 2019년 고충 상담 주제 중 압도적 1위를 차지한 것이 '주휴수당' 문제였다고 합니다.[49] 근로기준법에 따르면 주당 15시간 이상을 일한 모든 노동자에게는 일주일에 1일 이상의 유급휴일을 주어야 합니다. 그런데 일부 가게나 업체에서 주휴수당을 지급하지 않기 위해 주 15시간 이내로 근무하는 파트타임 노동자를 늘렸다고 합니다. 요일별로 다른 근무자를 고용한다고 해서 '무지개 알바'라는 말도 있다고 하는데요. 심지어 유명한 어느 커피체인점에서는 아르바이트생들을 주당 14.5시간만 일하게 하는 편법을 썼다고도 하고요[50](주휴수당을 주지 않기 위해 '14.5시간'을 생각해내는 것, 이런 게 바로 마르크스가 말하는 '자본의 정신'이지요).

　　보통의 경우, 우리는 왜 주 5일을 일하고 이틀을 쉴까요. 왜 기업들로 하여금 연중 며칠의 유급휴일을 두도록 할까요. 노동력 재생산에는 주말이 필요하고 휴가가 필요하기 때문이지요. 5일을 일하고 2일을 쉬는 것이 평균적인 노동조건입니다. 5일을 일하려면 2일의 휴식이 불가피하기 때문에 5일을 일하면 일주일을 일한 것으로(그리고 최소 하루는 유급휴일로) 계산하고 임금을 지급해야 합니다. 그런데 주휴수당을 주지 않기 위해 14.5시간만 고용하고, 퇴직금을 주지 않기 위해 11개월만 고용하면 노동력 재생산에 반드시 필요한, 그러나 직접노동을 하고 있지는 않은 시간을 계산에서 빼낼 수 있습니다. 법적으로는 문제가 없겠지만 실제로는 노동력의 가치 일부를 도둑질한 것이지요.

그런데 기막힌 것은 이런 도둑질이 공정과 정의의 외관을 하고 있다는 사실입니다. 마땅히 지불해야 할 것을 지불하지 않았음에도 자본가는 마치 정당한 값을 지불한 것처럼 행세합니다. 심지어는 겨우 몇 푼 얹어주고 도덕적 성자인 양 흉내를 내기도 하고요. 시간급제가 유발하는 착시 덕분에 가능한 일이지요. 이것이 바로 파트타이머 노동자들이 겪는 고통입니다. 마르크스는 말합니다. "앞서 우리는 과로의 파괴적 결과를 보았는데, 여기서는 불완전취업 노동자에게 생겨나는 고통의 원천을 본다."[김, 741; 강, 748]

○'시간외수당'의 함정——그러나 이것은 파트타이머 노동자들만의 문제가 아닙니다. 마르크스에 따르면 이 부당성은 정규직 노동자들도 연장노동을 할 때 겪는 것입니다.[김, 742~743; 강, 748~749] 시간당 노동단가가 정해진 후 자본가는 '노동의 정상가격'을 지불한다는 구실 아래 노동일을 비정상적으로 늘릴 수 있습니다. 12시간 노동일에 3실링을 지급하는 경우 시간당 노동단가는 ¼실링이 되겠지요. 여기에 15를 곱해 3¾실링(3실링 9펜스)을 지급하면 정당한 지불이라는 착각이 듭니다. 원래는 12시간 노동일을 기준으로 책정한 단위인데 15시간에도 그대로 적용하는 것이지요(이렇게 노동일을 바꾸어 계

산하면 이 측정단위가 의미가 없어진다는 것을 이해를 못하고서요).

하지만 노동일을 연장하면 노동력의 가치는 비례적 수준보다 훨씬 더 크게 증가합니다. 노동의 단가는 '노동력의 하루 가치'를 '노동일'로 나누어서 구합니다(3실링/12시간). 그런데 이 "분수에서 분모가 증대하면 분자는 그보다 더 빨리 증대"합니다.[김, 742; 강, 749] 비례가 아니라 제곱이 되고 노동일의 길이가 어느 수준을 넘어서면 아예 계산 불가능할 정도로 큰 값을 얻습니다. 생명을 위협하는 지경이 될 테니까요. 노동시간으로서 7시간, 8시간, 9시간과 15시간은 의미가 많이 다릅니다. 15시간을 일하고 나면 노동력을 재생산하기 위해 훨씬 더 많은 시간과 자원이 필요합니다.

사실은 현재의 급여체계에도 이 점이 반영되어 있기는 합니다. 근로기준법(제56조)에 따르면 '연장근로'에 대해서는 통상 임금의 50퍼센트 이상을 가산해 지급해야 합니다. 휴일근로의 경우에는 8시간 이내의 경우에는 50퍼센트, 8시간을 넘긴 경우에 대해서는 100퍼센트 이상을 가산해 지급해야 하고요. 일종의 '할증 임금'(extra pay)이 지불되는 것이지요. 이것이 과연 할증된 노동력의 가치에 부합하는지는 잘 모르겠습니다.

마르크스는 당시의 '시간외수당'이 "웃음이 날 정도로 작"았다고 했습니다. 그러면서 연간 현실적 노동일은 표준노동일보다 훨씬 길다는 점을 지적했는데요.[김, 743; 강, 749] 이는 노동자들이 먹고살기 위해서는 연장노동을 해서 시간외수당을 꼭 받아야만 한다는 것을 의미합니다. 노동력의 가치가 충분히 지급되지 않았고 여기에 근거한 시간외수당 역시 충분하지 않았음을 시사해주는 정황이지요. 마르크스에 따르면 당시 영국 노동자들은 "소위 표준시간 동안의 노동가격이 낮기 때문에", 그보다는 상대적으로 높은 단가가 지불되는 시간외노동에 뛰어들지 않을 수 없었습니다.

오늘날의 한국 상황도 이 점에서는 19세기 영국과 그렇게 많이 다르지 않습니다. 현재 표준노동시간은 1일 8시간 주 40시간입니다만 주당 노동시간 52시간이 넘지 않도록 근로기준법을 개정하는 것에 대해 기업들의 반발이 여전합니다. 심지어 법 개정 후에도 이 반발 때문에 일정 규모 이하의 업체들에게는 법의 시행이 유예되고 있습니다. 경제협력개발기구(OECD)의 통계에 따르면[51] 한국 노동자의 평균 노동시간(2016년 기준)은 1인당 2069시간으로, 회원국 평균치보다 305시간, 노동일(8시간)로 치면 무려 38일을 더 일했습니다. 똑같은 연봉을 받는다면 무상으로 한 달을 더 일한 것과 같지요. 그런데 실질임금도 전체 평균의 75퍼센트밖에 되지 않았습니다. 시간당 노동의 가격은 평균의 2/3에 불과했고요. 연장노동이 그렇게 많은데도 임금은 낮습니다. 사실은 반대로 말해야겠지요. 임금이 낮으니까 연장노동이 많은 겁니다. 이것은 영세 업체들만의 이야기가 아닙니다. 지난 책에서 언급한 것처럼, 생산직 노동자들 중 최상층에 해당하고 심지어 '귀족 노동자'라고 불리는 현대자동차 정규직 노동자들도 '시간외수당'을 얻기 위해 연중 1000시간 정도의 잔업을 한다고 하니까요(『공포의 집』, 73쪽).

서글픈 일입니다. 마르크스에 따르면 낮은 노동가격과 연장노동의 악순환이 만들어지는데요. 노동의 가격이 낮을수록 노동자들은 최소한의 임금이라도 벌려고 자신들의 노동시간을 늘리려 합니다. 그러고 나면 이제 노동시간 연장이 노동가격의 저하를 불러옵니다. 노동의 공급이 증가하면 노동의 가격이 떨어지니까요. 게다가 한 사람의 노동자가 더 오래 일한다면 자본가로서는 고용을 그만큼 줄일 수 있지요. 노동자들의 경쟁이 심화될 겁니다. 자본가로서는 노동가격을 더 낮출 수 있고, 이것이 다시 노동시간을 더 연장시키는 요인이 됩니다.[김, 744~745; 강, 751]

그런데 이 순환은 노동자들의 경쟁에 머물지 않습니다. 곧바로 자본가들의 경쟁도 시작되죠. 낮은 노동단가는 상품의 가격 경쟁력을 높입니다. 생산물의 가치에는 노동력의 가치가 포함되어 있습니다. 물론 자본가에게는 가치가 아니라 가격이 중요하고, 무엇보다 실제로 자신이 지불하는 가격이 중요하지요. 임금을 노동력의 가치 이하로 크게 떨어뜨릴 수 있다면, 그래서 사회적 평균보다 더 많은 잉여노동(불불노동)을 확보할 수 있다면, 자본가에게는 전략적 여지가 생깁니다. 지불 없이 획득한 잉여노동 중 일부를 상품가격에 반영하는 겁니다.

이를테면 10시간 노동으로 120원짜리 물건을 만들어낸다고 합시다. 이 중 생산수단 가격이 80원, 노동력 가격이 20 원, 이윤이 20원이라고 하고요(이 각각의 가격이 해당 가치를 화폐로 정확히 나타낸 것으로 간주하겠습니다). 그런데 어떤 자본가가 노동력에 대한 실제 지불을 10원(시간당 1원)으로 낮출 수 있다고 해볼까요. 그러면 그에게는 10원의 추가 이윤이 생겨납니다. 이윤 즉 불불노동이 20원에서 30원으로 늘어나지요. 이때 자본가는 추가로 얻은 불불노동 10원을 상품가격을 낮추는 데 이용할 수 있습니다. 염가 판매를 하는 것이지요. 그래도 손해가 아닙니다. 소비자들에게 제공하는 선물 10원은 그의 이윤이 아니라 노동자의 임금에서 빼낸 거니까요.[김, 746; 강, 752](참고로 상품의 '가치와 가격의 괴리 문제'를 다룰 때도 이런 상황을 언급한 바 있습니다.『화폐라는 짐승』, 97쪽).

자본가는 연장노동이 이루어지는 경우에도 동일한 효과를 얻을 수 있습니다. 연장노동에는 '할증 요금'이 붙기는 합니다만, 10원으로 떨어뜨린 임금을 15원으로 올려주어도(시간외수당 50퍼센트 가산) 5원의 추가 여유가 생기니까요. 이것을 상품가격에 반영하면 이윤을 줄이지 않고도 가격을 떨어뜨릴 수 있습니다. 물론 이것은 자본가들이 치열한 경쟁 상황에 있을 때 취하는 전략입니다. 보통은 표준노동일 안에서든 시간외노동에서든 가격 인하 없이 이윤을 뽑아낼 수 있다면 그렇게 할 겁니다. 그럼 더 많은 이윤을 얻을 테니까요.

문제는 이런 경쟁이 일시적이지 않을 때 발생합니다. 마르크스의 말을 들어볼까요. "이런 식으로 비정상적으로 낮은 상품 판매가격은 처음에는 간헐적으로 형성되다가 다음에는 점차 고착되면서 그 이후부터는 과도한 노동시간에 비참한 임금을 확립하는 토대가 된다. 본래는 낮은 상품가격이 이런 상황의 산물이었다."[김, 746; 강, 752]

요컨대 낮은 임금은 시간외노동을 낳고 시간외노동은 임금을 더 떨어뜨립니다. 경쟁 중인 자본가들은 이것을 상품가격을 낮추는 데 활용하고요. 상품의 가격 경쟁으로 낮은 가격이 고착화되면 이제는 다시 노동자에게 과로와 저임금이 고착화된다는 겁니다. 특히 자본가들 사이의 출혈적 저가 경쟁이 시작되면 고통의 상당 부분이 노동자들에게 전가될 수 있습니다. 물론 자본가들의 경쟁 상황에 대한 본격적 분석은 '가치의 생산'을 다루는 『자본』 I권에서는 너무 이른 것입니다(마르크스 스스로 아직 "여기서는 적절치 않다"라고 말하고 있지요.[김, 746; 강, 752] 이에 대한 분석은 『자본』 III권에서 이루어집니다). 다만 연장노동과 시간외수당이 이런 면모를 갖고 있다는 걸 알아둘 필요는 있습니다.

○잉여노동 자체가 '시간외노동'이다──시간급제에 대한 논의를 마무리하기 전에 마르크스는 독자들에게 인상적인 사건 하나를 환기합니다. 런던의 불량 빵집 사건. 우리가 이 시리즈에서 몇 차례 다루었던 그 사건입니다. 노동 후 임금을 지급하는 관행이 어떤 문제를 낳는지 지적할 때(『성부와 성자』, 134~136쪽), 그리고 '노동력의 지출'이란 사실상 '생명력의 지출'이

라는 점을 지적할 때(『생명을 짜 넣는 노동』, 저자의 말), 또 법적
규제를 받지 않는 산업부문에서의 노동일을 다룰 때(『공포의
집』, 68~71쪽) 이 사건을 언급한 바 있습니다.

　　마르크스는 낮은 노동가격과 과도한 노동시간, 자본가들
의 경쟁, 저렴한 상품가격 등이 어떻게 연결되는지 보여주기
위해 이 사건을 다시 언급합니다.[김, 746~747; 강, 752~753]
처음 이 사건을 소개할 때도 말했지만, 온갖 오물이 들어간 불
량 빵을 제조한 빵집들은 소위 '염가' 빵집들이었습니다(런던
빵집의 4분의 3이 이런 곳이었죠). 정상가격 이하로 빵을 판매할
수 있었던 것은 생산수단의 절약(밀가루에 모래 등을 섞었어요)
덕분이기도 했지만, 주로는 노동자들의 저임금 장시간 노동
덕분이었습니다. 임금은 12시간치를 지급했지만 실상은 18
시간 노동을 시켰습니다.

　　이 사건이 불거지자 이들과는 다른 빵집들, 즉 '제값을
받고 파는' 제빵업자들이 이들의 노동착취를 비난하고 나섰
지요. 정부 조사위원회에서 자신의 경쟁자들을 고발했습니
다. 염가 빵집의 비밀은 "12시간치 임금을 지급하고 18시간
의 노동을 짜낸 것", 즉 노동자들에 대한 '불불노동'에 있다고
요. 그러면서 노동자들의 '시간외노동'에 대한 정당한 지급
이 이루어지면 문제가 해결될 것이라고 했습니다. 이들은 임
금을 노동의 가격, 즉 노동일 동안 노동자가 행한 노동 전체에
대한 지불이라고 생각했기에, '시간외노동'에 대해서만 지불
하면 불불노동은 해소된다고 본 것이지요.

마르크스는 불량 빵을 판 동료들을 고발한 제빵업자들을 보고 쓴웃음을 짓습니다. "이들의 비탄(悲歎)은 아주 흥미로운데, 자본가들의 두뇌에서는 생산관계의 겉모습만 반영된다는 점을 보여주기 때문이다."[김, 747; 강, 753] 노동자들에게 정상적인 노동가격을 지불하고 제값에 빵을 판다고, 마치 양심과 정의의 화신인 체하는 이 자본가들은 정상적인 빵 값에도 불불노동이 있다는 것을 모릅니다. 노동력의 가치를 제대로 지불한 경우에도, 지불하지 않고 사용한 노동력이 있다는 것을 모르는 겁니다. 단지 그들은 염가 빵집의 불불노동을 시간외노동(표준노동일을 넘어선 노동)에서만 발견합니다. 12시간 이후의 노동에 대해 지불하지 않는 것은 문제라며 흥분할 뿐이죠. 이상한 말이지만 이들은 정말로 보이는 것만 봅니다. 달리 말하면 눈에 보이는 그대로 사고하지요.

염가 빵집들의 이윤이 시간외노동에 대해 지불하지 않은 데서 온 것이라면, 표준노동일을 지키고 노동력의 가치를 지불했으며 제값에 빵을 판매한 제빵업자들의 이윤은 어디서 왔을까요. 지불하지 않은 노동시간은 표준노동일 안에도 존재합니다. 노동일은 필요노동시간과 잉여노동시간으로 이루어져 있는데요. 이 잉여노동시간이 지불하지 않는 노동시간 즉 불불노동시간이지요. 그리고 노동자가 노동력의 가치 이상으로, 필요노동시간 이상으로 일했다는 의미에서 일종의 '시간외노동'이라고 할 수 있지요. 지불하지 않은 '시간외노동'인 셈입니다.[김, 747~748; 강, 753~754]

우리의 양심적(?) 제빵업자들은 불량한 동료들이 '시간외노동'에 대해 '할증 임금'을 지급하면 문제가 해결될 것처럼 말했습니다. 하지만 표준노동일을 기준으로 한 노동가격보다 더 높은 가격을 지급해도 불불노동은 남습니다. 아예 잉여노동을 없애지 않는 한 불불노동은 1시간을 일하든 15시간을 일하든 존재합니다. 이윤(잉여가치)의 정체가 불불노동이니까요. 만약 가난한 노동자들의 불불노동에 분노하는 자본가들이 자기 양심을 끝까지 밀고 간다면 자본주의적 생산양식을 폐지하라는 요구로 나아가게 되겠지요. 물론 그럴 일은 없습니다. 자기 이익이 침해될 때마다 양심의 눈을 덮어버리는 모자가 있으니까요. 바로 이것이 마르크스가 이 양심적 자본가들을 향해 참 흥미로운 두뇌를 지녔다며 쓴웃음을 지은 이유일 겁니다.

◦ 임금형태 ②―성과급제

마르크스가 검토하는 두 번째 임금형태는 성과급제인데요, 그에 따르면 성과급제는 시간급제의 변형일 뿐입니다.[김, 749; 강, 755] 노동자가 제공하는 노동의 단가를 계산할 때 시간이 아니라 생산량을 기준으로 계산한 것뿐이지요.

예컨대 표준노동일이 12시간이고, 이 중 6시간은 지불노동(필요노동시간), 6시간은 불불노동(잉여노동시간)이라고 해봅시다. 그리고 1노동일 동안 노동자 한 사람의 평균 생산량은 24개, 가격으로는 6실링 12시간이라고 합시다. 시간급제일 때 노동의 가격은 '6실링/12시간' 즉 시간당 ½실링(=6펜스)이었습니다. 그런데 성과급제에서는 이것을 생산물당 가격으로 구합니다. '6실링/24개' 즉 개당 ¼실링(=3펜스)이 되는 것이지요.[김, 751; 강, 757]

노동자의 임금을 시간급제일 때는 '시간당 노동단가×노동시간'으로 구했는데요. 성과급제에서는 '개당 노동단가×개인 생산량'으로 구합니다. 어느 노동자가 하루 24개를 생산했으면 '¼실링×24개' 즉 6실링을 받는 것이고(평균 수준의 임금이죠), 48개를 생산했으면 12실링을, 12개를 생산했으면 3실링을 받는 식이지요.

시간급제일 때와 마찬가지로 수학적 계산에는 아무런 문제도 없습니다. 노동단가를 구하는 기준만 바뀌었을 뿐 계산 방식은 똑같습니다. 어찌 보면 성과급제가 더 공정하다는 느낌도 줍니다. 노동한 시간이 아니라 결과물로 평가하는 거니까요. 시간급제보다 노동자들의 생산력을 더 정확히 평가한다는 느낌을 주지요. 무엇보다도 공장의 노동자 전체가 아니라 어떤 그룹 혹은 각 개인별로 생산력을 평가할 수 있습니다.

게다가 성과급제는 노동자를 제품을 납품하는 자영업자나 소(小)사장처럼 보이게 합니다. 자본가가 임금을 지급하는 게 아니라 마치 일정 단가의 제품을 납품받고 그 대금을 지급하는 것 같아 보이죠. 마르크스는 한때 오언주의에 심취한 사회개혁가였다가 자본주의 옹호자로 변절한 존 와츠(John Watts)를 각주에서 언급하고 있는데요. 와츠는 성과급제야말로 노동자가 "장인과 자본가를 한 몸에 겸할 수 있는" "노동자의 역사에서 한 시대를 긋는" 놀라운 제도라고 했습니다. 오언에게는 '협동조합의 장인'으로서의 노동자가 자본주의 극복의 형상이었습니다만, 와츠는 그것을 자본주의 임금형태를 정당화하는 데 이용했지요. 그가 한때 "재산은 강도질"이라고 단언했던 사람이라는 걸 생각하면 놀라운 변신이 아닐 수 없습니다.[김, 749, 각주 1; 강, 755, 각주 25]

우리 사회에서도 한때 '소사장제'라는 것이 유행했고 지금도 시행하는 업체들이 있습니다. 생산공정 일부를 마치 도급업체처럼 만들어 부품의 생산과 관리 업무를 맡기는 겁니다. 생산직 중간간부가 사장처럼 해당 업무를 책임지고 지휘합니다. 물론 작업장과 생산설비, 노동자들의 고용은 모기업이 전적으로 맡고 있기 때문에 실제로 독립된 업체는 아니지요. 당연한 말이지만 소사장도 실제로는 사장이 아니고요.

이보다 더 심한 것은 특수고용노동자들을 자영업자(개인사업자)로 취급하는 겁니다. 한편으로는 성과에 따라 급여를 지급하면서 다른 한편으로는 해당 노동자의 노동자성을 부인하는 것이지요. 그러다 보니 임금이 납품 대금처럼 보입니다. 화물 운송 노동자나 학습지 교육 노동자, 보험 모집 노동자 등이 이런 취급을 받아왔지요. 사실상 특정 기업에 고용되어 노동을 하고 있음에도 업체들은 근로계약을 맺지 않고 노동자들과 사업자처럼 도급이나 위탁계약을 맺습니다. 최근 급증하고 있는 플랫폼 노동자들도 그렇습니다. 플랫폼 회사들은 노동자들을 직접 고용하지 않습니다. 다만 자신의 플랫폼에 접속해 있는 일군의 사람들에게 일거리를 소개한 뒤 소개료를 받는 형식이지요. 이들 노동자는 특정 업체의 일을 하는 경우가 대부분이고 사실상의 노무관리도 받지만[52] 노동자로서 고용조건이나 노동환경에 대한 아무런 보호도 받을 수 없습니다. 노동자로서 인정을 받지 못하니까요.

물론 플랫폼 노동자의 문제는 단지 임금형태의 변화라기보다 노동형태의 변화이며, 더 근본적으로는 산업형태의 변화와 관련이 있습니다. 따라서 더 큰 차원에서 따로 논의해보아야 할 문제입니다. 다만 여기서 말하고자 하는 것은 성과급제라는 임금형태가 자본가가 노동자로부터 노동력을 구매하는 게 아니라 노동생산물을 구매하는 것 같은 환상을 야기한다는 점입니다.[김, 749; 강, 755]

마르크스는 성과급제의 이런 겉모습에도 불구하고 이것은 임금을 지급하는 형태상의 차이일 뿐이라고 말합니다. 실제로 당시 성과급제는 시간급제와 병행되었으니까요. 동일한 산업인데 업체에 따라 성과급을 지급하기도 하고 시간급을 지급하기도 합니다. 이를테면 동일한 일을 하는 식자공에 대해 런던의 업체들은 성과급제로 지급하는데 지방의 업체들은 시간급제로 지급했습니다. 이는 성과급제가 임금을 지급하는 한 가지 형태일 뿐이라는 것을 보여줍니다. 지급 방식의 차이일 뿐 "임금의 본질을 변경시키는 것은 아니"라는 거죠.[김, 751; 강, 756]

○가장 자본주의적인 임금형태──그럼에도 성과급제는 시간급제와는 매우 다른 효과들을 냅니다(형태들의 차이에 둔감하면 안 되는 이유가 여기에 있습니다). 마르크스가 제시하는 성과급제의 특징들은 다음과 같습니다.

첫째, 노동의 질에 대한 관리가 쉽습니다. 노동자의 기술적 능력을 세세하게 평가하고 노동과정에서 그것이 어떻게 발휘되는지 감시할 필요가 없습니다. 그저 품질 검사만 하면 됩니다. 평균적 품질을 유지하지 못하면 임금을 삭감하는 거죠. 그러면 노동자들이 알아서 제품 생산에 신경을 씁니다. 이 점에서 마르크스는 성과급을 "임금삭감과 자본주의적 속임수의 가장 풍부한 원천"이라고 불렀습니다.[김, 752; 강, 758]

둘째, 노동강도에 대한 관리가 쉽습니다. 시간당 생산량만 확인하면 되니까요. 이 양은 경험을 통해 대체로 확정되어 있습니다. 평균적인 능력을 가진 노동자가 평균적 속도로 일할 경우 몇 개는 생산해야 한다는 게 있지요. 이것은 그 자체로 노동자들에 대한 평가 기준이 됩니다. 기준을 충족시키지 못하는 노동자는 임금이나 인사상의 불이익을 받거나 해고되겠지요.[김, 752; 강, 758]

셋째, 노동의 질이나 강도에 큰 신경을 쓸 필요가 없기 때문에 감독노동의 필요가 줄어들어 하청을 양산할 수 있게 되지요. 생산물의 질과 양만 체크하면 되기 때문에 아예 일감을 하청 줄 수가 있습니다. 하청의 하청도 가능하고요. 본래는 노동자를 직접 고용해서 생산해야 하지만 더 적은 비용으로 더 많은 양을 조달할 수 있다면 자본가로서는 마다할 이유가 없지요. 성과급제는 이처럼 "자본가와 임금노동자 사이에 기생충이 개입"하는 것을 용이하게 해줍니다. 자본가가 지급하는 노동가격과 실제로 해당 제품을 생산하는 하청 노동자의 임금 사이의 차이를 노리고 뛰어드는 기생충 말입니다. 당시 영국에서는 이를 '고한(苦汗)제도'(sweating system)라고 불렀는데요. 마르크스는 이 제도가 그 특색에 맞게 이름을 잘 지었다고 했습니다. 정말로 땀방울을 쥐어짜는 착취 시스템이니까요. 십장(什長) 내지 두목노동자가 일감을 따온 뒤 휘하의 노동자들을 값싸게 부렸습니다. 노동자가 노동자를 착취하는 시스템이라고 할 수 있지요.[김, 753; 강, 758~759]

넷째, 임금이 생산량에 따라 지급되기 때문에 노동자들로서는 임금을 더 받기 위해 노동강도를 스스로 높일 수밖에 없습니다. 그러면 전체적으로 노동의 표준강도가 올라갑니다. 노동강도만이 아닙니다. 노동일도 스스로 늘리겠지요. 그렇게 하면 임금이 또 오를 테니까요. 이처럼 노동강도와 노동일이 늘어난다는 것은 노동량의 공급이 늘어난다는 뜻입니다. 그러면 시간급제에서 본 것처럼 노동의 가격이 떨어지지요. 다시 또 악순환이 일어나겠지요. 낮은 노동가격 때문에 노동자들은 더욱 시간과 강도를 높이려 들 테니까요.[김, 753~754; 강, 759~760] 마르크스에 따르면, 실제로 "대공업의 질풍노도의 시대, 특히 1797~1815년에 성과급은 노동일 연장과 임금 인하를 위한 지렛대로 이용"되었습니다. 방직업 같은 경우에는 노동일이 많이 연장되었는데도 직조공이 받는 임금은 이전보다 더 낮아지는 기현상까지 나타날 정도였습니다.[김, 756~757; 강, 761~762]

다섯째, 시간급제와 달리 성과급제에서는 노동자들의 개인적 차이가 부각됩니다. 노동자 전체의 생산량과 임금총액은 그대로일 수 있지만(잉여가치율이 변하지 않을 수 있지만) 각자의 재능과 체력에 따라 생산량에 차이가 생기고 이는 임금의 차이로 이어지겠지요. 평균보다 더 많은 임금을 받는 노동자도 생기고 더 적게 받는 노동자도 생깁니다. 노동자들의 경쟁 구도가 만들어지는 것이지요. 그러면 자본가에게는 이중으로 유리한 국면이 조성됩니다. 한편으로는 노동자들의 경쟁으로 생산량이 증대하고 다른 한편으로는 상호 경쟁 때문에 노동자들의 연대가 어려워지지요. 전자는 노동의 가격을 떨어뜨리는 역할을 하고("성과급은 개인적으로는 임금을 평균 수준 이상으로 높이지만 동시에 임금의 평균 수준 자체를 저하시키는" 효과를 냅니다.[김, 755; 강, 760] 노동량의 공급을 늘려 노동의 가격이 떨어지니까요), 후자는 노동자들의 정치력(단결력)을 떨어뜨리는 역할을 하지요.

여섯째, 마르크스가 언급한 건 아니지만 '근로'를 조장하는 도덕적 효과가 생깁니다. 개인별로 생산량에 따라 임금 차이가 나기 때문에, 임금 차이가 열심히 일하는 노동자와 그렇지 않은 노동자에 대한 도덕적 평판을 낳습니다. 저임금을 개인 노동자의 게으름 탓으로 돌리게 하지요. 저임금에 도덕적 비난까지 던진다고 할까요. 아울러 저임금의 원인이 낮은 노동가격에 있다는 것을 보지 못하게 가립니다.

일곱째, 자본가는 불확실한 시장 상황에 효과적으로 대처할 수 있게 됩니다. 시장 변동의 부담을 노동자들에게 전가할 수 있지요. 호황일 때는 성과급을 통해 생산량을 쉽게 늘릴 수 있습니다. 그런데 불황일 때도 성과급은 자본가에게 유리합니다. 어차피 생산량에 따라 임금을 지급하는 것이기 때문에 물량이 없어서 놀아야 하는 시간의 부담이 노동자들에게 돌아가게 되니까요.[김, 756, 각주 12; 강, 761; 각주 35]

이 모든 특징들을 종합하면 우리는 왜 자본가가 성과급제를 그토록 선호하는지 이해할 수 있습니다. 처음에는 단순히 노동가격을 환산하는 기준만 바꾼 것처럼 보였지만 정말로 많은 변화들이 나타납니다. 노동의 강도를 높이고 노동의 가격을 떨어뜨리며 노동자들의 세력화를 막는 데 이만 한 술책이 또 있을까 싶습니다. 그래서 마르크스가 성과급제를 "자본주의적 생산양식에 가장 적합한 임금형태"라고 불렀나 봅니다.[김, 756; 강, 761]

∘ 국가별로 다른 임금, 그리고 그 차이의 의미

『자본』 제20장에서 마르크스는 '임금의 국가별 차이'를 다룹니다. 그렇다고 세계적 수준에서 자본주의의 불균등 발전의 문제를 살피는 것은 아닙니다. 국가마다 임금수준이 다른데, 흔히들 노동생산성이 높은 나라에서 임금이 더 높다고 하지요. 겉보기에는 소위 선진국 노동자들의 임금이 더 높기는 합니다. 그런데 마르크스는 정말로 노동생산성(노동강도 포함)이 높은 나라에서는 '노동의 상대적 가격'이 높은 것인지, 즉 노동자가 생산한 잉여가치의 크기나 생산물의 양을 고려했을 때 임금이 더 높다고 할 수 있는지를 한번 따져보자고 합니다.

사실 마르크스는 제15장(영어판 제17장)에서 이 문제를 슬쩍 언급한 바 있습니다. '노동일의 길이와 노동생산력이 불변인 상태에서 노동강도가 변하는 경우' 노동력의 가치(가격)와 잉여가치의 상대적 크기가 어떻게 변하는지를 살펴본 후 마르크스는 이렇게 말했습니다. "평균적 노동강도는 나라마다 다르고 따라서 각 나라의 노동일에 적용되는 가치법칙은 제각기 달라질 것이다. 강도가 높은 나라의 노동일은 강도가 더 낮은 나라의 노동일에 비해 더 큰 화폐액으로 표현될 것이다."[김, 710; 강, 720] 노동일이 같아도 노동강도가 높다면, 더 많은 노동량이 투입되었으므로, 시간에 따른 노동의 가격이 달라질 수 있음을 시사한 것이지요.

그런데 마르크스는 왜 그때 임금의 국가별 차이를 다루지 않고 "임금" 편의 마지막 장에 와서야 이야기하는 걸까요. 이런 이유가 아닐까 싶습니다. 국가들은 저마다 사정과 환경이 다른데요. 이런 국가들에서 임금을 서로 비교하려면 기준을 통일해야겠지요. 이때 앞서 시간급제와 성과급제에서 노동단가를 계산하던 그 방식을 활용할 필요가 있습니다.

국가들의 노동단가를 비교하기 전에 먼저 고려할 것들이

있습니다. 일단 국가마다 노동력의 가치를 규정하는 생활필수품의 범위와 가격이 다릅니다. 날씨가 추우면 의복비와 난방비가 더 필요하겠지요. 빵을 먹으면 밀 가격이 중요하지만 밥을 먹으면 쌀 가격이 중요합니다. 영국의 노동자들은 홍차를 마시지만 대륙의 노동자들은 커피를 많이 마십니다. 여기에 어떤 교육제도를 가지고 있는가에 따라 양육비가 달라지겠지요. 이것은 주로 육체적인 부분만 생각한 것인데요. 문화적·정신적 요소까지 고려하면 차이는 더욱 벌어질 겁니다. 여성노동과 아동노동이 생산에 얼마나 참여하는가도 노동력의 가치에 영향을 미칩니다. 당연히 나라마다 평균적인 노동시간과 노동강도도 다를 겁니다.[김, 761; 강, 766]

　　노동력의 가치(또는 가격)가 임금형태를 취하면 '노동의 가격'이라는 식으로 해석되는데요. 어떻게 하면 임금수준이 다른 국가들의 '노동의 가격'을 비교할 수 있을까요. 거칠게 피상적으로나마 비교를 하려면 일단 동일한 산업을 선택해야겠지요. 그리고 노동시간과 노동강도를 서로 비교 가능한 형태로 만들어주어야 합니다. 일단은 명목임금(화폐로 표현된 임금)을 노동시간으로 나누고(시간급), 그 다음에는 생산량을 고려해서 다시 성과급 형태로 환산합니다. "성과급만이 노동·생산성과 노동강도에 대한 척도가 될 수 있"으니까요.[김, 762; 강, 767]

　　그런데 한 국가 안에서는 노동강도가 평균적인 강도보다 높을 경우에만 동일 시간에 더 많은 가치를 창조한 것으로 인정됩니다. 노동강도가 평균보다 떨어지면 상품을 생산할 때 사회적 필요노동시간보다 더 많은 시간을 허비하겠지요. 이렇게 늘어난 시간은 가치 자체를 인정받지 못합니다. 어떤 상품에 대한 사회적 필요노동시간은 4시간인데 낮은 강도(낮은 생산력) 때문에 6시간이 들었다면 추가로 들어간 2시간의 가치는 없는 것, 즉 생산된 가치가 무화됩니다. 반대로 노동강도가 예외적으로 높다면 4시간을 일해도 5시간, 6시간으로 인정받을 수가 있습니다. '강화된 노동'은 단순노동의 'x배의 가치'로 계산되니까요(『거인으로 일하고 난쟁이로 지불받다』, 52~53쪽).

그러나 세계시장에서는 다릅니다. 나라마다 평균 노동강도라는 게 있을 텐데요. 나라별 평균 노동강도를 쭉 늘어놓으면 중간 값이 있겠지요. 그런데 이 중간 값에 미달한다고 해서 해당 국가의 노동자들이 생산한 가치가 무화되지는 않습니다(세계가 단일 국가, 단일 사회가 된다면 또 모르겠습니다. 물론 이 경우에는 '임금의 국가별 차이'라는 말 자체가 의미를 갖지 못합니다만). 다만 노동강도가 높은 나라의 노동이 동일 시간에 더 많은 가치를 생산한 것으로 간주될 뿐이지요. 그래서 노동일이 같아도 노동강도가 높은 나라의 전체 가치생산물이 더 많은 화폐로 표현됩니다(화폐의 가치가 일정하다고 했을 때 말입니다).

이를테면 6시간이 3실링(시간당 ½실링)이었는데 노동강도가 강화되어 6시간의 가치량이 4실링(시간당 ⅔실링)이 되었다고 해보죠. 이때 화폐를 시간으로 환산하면 처음에는 1

실링이 2시간에 해당했는데, 다음에는 1실링이 1.5시간에 해당합니다. 시간으로 표시할 때 후자의 화폐 가치가 더 작지요. 우리는 화폐의 가치가 일정하다고 전제했는데요. 그렇다면 노동강도가 높은 나라의 노동자들은 동일 시간에 대해 동일 임금을 받아도 그 시간만큼 평가받은 게 아니라는 말이 됩니다. 다시 말하면 노동량에 비해 더 적게 받는 거라는 말이지요.[김, 762~763; 강, 767]

노동생산력이라는 말을 조금 넓은 의미에서 쓴다면(고급노동, 복잡노동, 강도 높은 노동을 모두 포함하는 것으로서), 노동생산력이 높은 나라의 노동은 이런 이유로 가격이 더 높습니다. 소위 선진 자본주의 국가의 노동자들이 명목임금(화폐임금)으로는 더 높게 받는다는 것이지요. 그런데 마르크스는 명목임금이 높다고 실질임금(구매할 수 있는 생활수단의 양)도 높다는 뜻은 아니라고 말합니다. 화폐로 지급된 임금은 발전한 자본주의 국가들에서 높지만, "노동의 상대적 가격 즉 잉여가치와 생산물의 가치에 대한 노동가격의 비율"은 오히려 저발전 국가가 더 높다는 겁니다.[김, 763; 강, 768] 이를테면 영국 노동자들은 대륙의 노동자들보다 높은 임금을 받습니다만, 잉여가치나 생산물이 가치와 비교해 볼 때 실제로 노동의 상대적 가격은 더 낮다는 것이지요. 바꾸어 말하면 대륙 노동자들의 노동이 영국 노동자들의 노동보다 더 비싼 겁니다.[김, 764; 강, 769]

아주 흥미로운 대목입니다. 더 많은 임금을 받는 노동자들이 더 나은 대접을 받는 것은 아니라는 걸 보여주니까요. 마르크스는 동유럽과 아시아에서 현지인을 고용했던 영국 철도회사들의 경험을 빌려 이렇게 말합니다. "임금의 수준은 어느 정도 중간(평균) 노동강도에 따라 변동한다 하더라도, 노동의 상대적 가격(생산물에 대비한 노동의 가격)은 대체로 그 반대 방향으로 움직인다."[김, 766; 강, 770~771] 소위 선진국 노동자들이 더 높은 임금을 받는 것은 노동생산력(노동강도)이 높기 때문입니다. 동일 시간에 더 많이 생산한다는 것이죠. 그러나 그들이 생산한 것에 비춰 볼 때 그들의 노동은 더 저평가된 것이기도 합니다. 노동의 가격과 잉여가치의 양적 격차도 더 벌어지고요. 임금은 높지만 착취도는 그 이상으로 높죠.

　　◦ 아름답고 조화로운 자본주의?
　　—케리와 바스티아에 대한 비판

마르크스는 『자본』 제20장의 마지막 페이지를 미국의 경제학자 헨리 케리에 대한 비판에 할애하고 있습니다. 케리는 임금의 국가별 차이가 노동생산성에 비례한다는 점을 보이고 이것을 기반으로 임금이란 노동생산성에 따라 변동하는 것이라는 주장을 일반화하려 했습니다. 마르크스가 앞서 검토한 내용이지요. 마르크스는 설령 임금의 국가별 차이가 노동생산성에 비례한다고 해서 노동의 상대적 가격이 높게 평가된 것은 아니라고 했습니다. 그리고 국가 간 임금 차이가 노동생산성과 비례관계를 형성한다고 해서 이것을 임금 일반에 관한 법칙으로 만들 수도 없음을 이미 보여주었습니다.

임금이란 '노동력의 가치(혹은 가격)'가 현상적으로 '노동의 가격'인 듯 나타난 것뿐입니다. 그러니 기본적으로 노동력의 가치에 영향을 미치는 요인들이 임금에도 영향을 미칠 수밖에 없습니다(노동자들의 생활수단을 생산하는 부문의 생산성과 함께 다양한 자연적·문화적 요소들이 개입하지요). 여기에 '노동의 가격'이라고 여겨지게 되면 노동자들의 정치적 힘도 큰 영향을 끼칩니다(노동자들의 힘이 얼마나 조직되어 있는지, 이를테면 노동조합 조직률 같은 것이 영향을 미치죠). 앞서 마르크스는 노동력의 가격이 그 가치보다 간혹 높아질 수 있음을 전제하면서, 자본에 저항하는 노동자들의 힘을 언급한 바 있지요. 게다가 임금의 국가별 차이에서도 '노동생산성 증대'와 '노동의 가격'이 비례한 것은 노동생산성의 증대가 '강화된 노동'(고급노동, 복잡노동, 강도 높은 노동)을 의미했기 때문입니다. 노동자들이 실제로 더 고급의 노동 혹은 더 강도 높은 노동을 투여한 결과라는 것이지요. 따라서 국가들 차원에서 대강의 비례관계를 확인했다고 해서, 임금은 곧 노동생산성에 달려 있다는 식으로는 말할 수 없습니다.

사실은 케리도 현실이 자기 이론과는 다르다는 것을 확인했는지, '그나마 다행스럽게도' 현실을 이론에 맞추어 조작하지는 않았어요. 하지만 그는 자신의 이론이 틀렸다고도 생각하지 않았습니다. 그 대신 왜곡을 불러일으킨 요소가 있다고 생각했지요. 그는 국가를 지목했습니다. 국가가 경제에 개입하면서 '자연적 관계'가 뒤틀렸다는 겁니다. 그는 노동자들의 임금을 정확히 계산하려면 국가가 수입으로 챙겨 간 부분 즉 세금도 노동자가 받은 걸로 계산해야 한다고 했습니다.[김, 766~767; 강, 771]

마르크스는 국가를 자본주의의 자연적 발전을 가로막는 악당처럼 취급하는 케리에게 쓴웃음을 지으며 묻습니다. "이러한 국가비용(Staatskosten)도 자본주의적 발전의 '자연적 결실'은 아닌지에 대해서도 더 따져보아야 하는 건 아닐까?"[김, 767; 강, 771] 자본주의의 발전을 가로막고 있다는 국가가 자본주의와 더불어 발전한 것일 뿐 아니라 자본주의의 발전을 위해서도 꼭 필요한 존재가 아닌지 물어보라는 것이지요.

마르크스에 따르면 실제로 케리는 그런 주장을 폅니다. 국가를 자연적 관계를 왜곡한 악당으로 취급해놓고는 곧이어 자연적 관계의 수호자로서 국가를 요청합니다. 그 스스로 무슨 말을 했는지 알고나 있는지 의심스러운 주장을 폅니다. 마치 고객의 무죄를 입증하는 것처럼 보이면 상충 여부도 확인하지 않은 채 온갖 논리와 증거를 들이미는 변호사 같습니다.

국가의 개입을 비난했던 케리가 국가의 개입을 요청하게 된 사정이 있습니다. 마르크스는 케리의 추론을 요약해 보여주었는데요.[김, 767; 강, 771] 일단 케리의 출발점은 '조화롭고 아름다운 자본주의'입니다. 그에 따르면 자본주의는 인간 본성에 가장 잘 맞는 자연스러운 생산형태입니다. 한마디로

"자연과 이성의 영원한 법칙"에 부합하지요. 그런데 국가권력이 간섭해서 이 자연스러운 관계를 깨뜨립니다. 자본주의의 순수한 발전을 저해하는 것이지요.

그런데 케리는 세계시장에서 자연적 관계를 깨뜨리고 자본주의의 순수한 발전을 가로막는 또 다른 악당을 봅니다. 당시 가장 발전된 자본주의 국가인 영국이 그 악당입니다(국가에 가했던 비난이 국제무역 문제에서는 영국에 대한 비난으로 옮겨갑니다). 영국의 발전된 산업은 세계시장을 독점하려 들며 이것이 미국 경제에 악영향을 끼친다는 걸 발견했지요. 그는 영국으로부터 미국의 조화로운 자본주의, 순수한 자본주의를 지켜야 한다는 생각에 도달합니다. 그래서 강력한 보호무역 제도를 외칩니다. 국가가 자본주의의 수호자로 나서야 한다는 것이지요.

왜 자본주의가 가장 발전한 나라인 영국에서 "아름다운 조화"가 깨졌을까요. 케리는 미국과 달리 영국에는 봉건시대의 잔재가 남아 있다고 봅니다. 공채(公債)나 조세를 통한 국가의 개입이 그런 잔재 중 하나입니다. 또한 그는 계급도 자본주의적 관계의 표현이 아니라 봉건적 신분의 잔재로 봅니다(이 점에서 그가 보기에는 신분이나 계급이 없는 미국 사회가 순수한 자본주의이지요). 그는 리카도와 같은 영국의 정치경제학자들을 비난합니다. 자본가(이윤), 지주(지대), 노동자(임금) 사이의 상호 긴장관계를 정식화하기 때문이지요. 케리는 자본주의사회의 사회적 적대를 낳은 것은 자본주의가 아니라 리카도의 이론인 것처럼 공격하기도 합니다.

이 사람은 어디까지 갈까요. 자신이 어디로 가는지는 알고 있었을까요. 그는 자유로운 무역이 "자본주의적 생산양식에 고유한 아름다움과 조화를 파괴"한다는 깨달음까지 얻었습니다.[김, 767; 강, 771~772] 경쟁이 자본주의의 조화로운 질서를 깨뜨린다는 것이지요. 그래서 국가의 개입이 필요하게 되지요. 외국 상품에 대해 강력한 보호관세를 부과해야 한다는 겁니다. 여기서 나는 마르크스의 웃음소리가 들리는 것 같습니다. 마르크스는 비꼬는 말투로 케리의 발걸음을 응원합니다. 조금만 더 가면 될 것 같다고. "이 방향으로 한 걸음만 더 나아갔다면 그는 자본주의의 유일한 폐해는 자본 자체라는 것을 발견했을 것이다."[김, 767; 강, 772]

케리는 완전히 엉터리 이론가입니다. 마르크스는 그를 매우 희극적인 인물처럼 그리고 있습니다. 실제로 케리를 하나의 캐릭터로 간주하는 것 같습니다. 그의 논리를 하나의 전형으로 다루고 있거든요. "이것은 다음과 같은 사람에게 딱 들어맞는(würdig) 추론이다"라는 문장을 보면 그렇습니다. [김, 767; 강, 771] 케리의 주장은 고전파 경제학의 타락한 형태로서 속류경제학, 즉 어떤 일관성도 갖추지 못한 채 그저 일파의 이익을 보호하기 위해 온갖 논리를 들이대는 속물들의 경제학을 대변합니다.

마르크스는 마지막 문장에서 이런 부류의 일원으로 프레데리크 바스티아(F. Bastiat)라는 이름도 언급했는데요. 바스티아는 『자본』의 제2독일어판 후기에서도 부르주아 정치경제학의 파산을 나타내는 인물로 언급한 바 있습니다(『다시 자본을 읽자』, 67쪽). 마르크스에 따르면 바스티아는 스스로 케리의 후계자임을 자인한 사람입니다.[53] 그런데 보호무역주의자인 케리와 달리 바스티아는 자유무역주의자입니다. 미국의 케리가 영국 상품의 공격을 방어하기 위해 보호무역주의자가 되었다면 프랑스의 바스티아는 영국처럼 되기 위해 프랑스에서 국가의 간섭을 제거하려고 했지요. 이렇게 상반된 주장이 공존하는 것도 이상할 건 없습니다. 케리 한 사람의 주장 안에도 이 정도의 불일치는 존재하니까요.

그럼에도 케리와 바스티아는 같은 무리입니다. 자본주의가 기본적으로 아름답고 조화로운 사회라고 믿는다는 점에서, 자본주의적 생산관계의 조화를 입증하려 했다는 점에서 둘은 한편입니다(마르크스가 "조화론적 지혜"라고 부른 것을 가졌지요[김, 767; 강, 772]). 다만 미국과 프랑스라는 다른 환경에서 출발했기 때문에 상반된 입장을 지지한 겁니다.[54] 이들의 믿음, 이들이 수호하려는 이익, 이들이 변호하는 고객은 모두 같습니다.

사실 이론적으로만 보면 이런 엉터리들을 『자본』에서 이렇게 길게 다루어야 하나 싶기도 합니다. 그런데 달리 보면 『자본』이니까 그럴 필요가 있다는 생각도 듭니다. 바로 이런 점이 『자본』이 어떤 책인지를 보여준다고 할까요. 앞서 잉여가치율에 대한 고전파 경제학의 잘못된 정식을 비판할 때도 똑같은 물음을 던진 적이 있지요. 마르크스가 왜 고전파 경제학의 틀린 정식을 분석하고 비판하는 데 많은 지면을 할애했는지 말입니다.

나는 케리와 바스티아에 대한 비판에 대해서도 똑같이 말하고 싶습니다. 『자본』은 명확히 자신의 독자 즉 노동자를 상정한 책입니다(『다시 자본을 읽자』, 103쪽). 마르크스는 노동자들, 프롤레타리아트가 이 책을 읽기를 바랐고 그들의 무기가 되었으면 하는 마음에서 이 책을 썼습니다. 그렇기 때문에 『자본』에서 누군가를 언급하고 비판한다면 그가 이론적으로 중요하기 때문일 수도 있지만 현실적으로 큰 폐해를 끼치고 있기 때문일 수도 있습니다. 앞서도 말했지만 마르크스의 비판은 이론적 결점에 대한 지적을 넘어서 현실적인 탄핵을 위한 것일 때가 많습니다. 케리와 바스티아의 이론이 설령 엉터리일지라도 많은 노동자들이 협력과 조화를 떠들어대는 그들의 주장에 넘어간다면, 마르크스는 이들에 대한 비판을 어떤 대(大)이론가의 주장에 대한 반박보다 시급하고 중요하다고 생각할 겁니다.

마르크스는 『자본』을 펴내기 10년 전에 바스티아와 케리에 대한 미완의 짧은 글을 쓴 적이 있습니다. 미완이라고 했지만 더 이상 쓰고 싶지 않아 중단한 글이라고 해야 할지도 모르겠습니다. 마지막 문장을 이렇게 쓰고 그만두었으니까요. "이 어이없는 언행을 계속 추적하는 것은 불가능하다. 그러므로 우리는 바스티아 씨와 결별한다."[55]

마르크스는 이 글을 1857년에 썼는데요. 1904년 카를 카우츠키(Karl Kautsky)가 이 원고에 "케리와 바스티아"라는 제목을 달아 한 잡지에 게재했고, 나중에 소련의 '마르크스 엥겔스 레닌 연구소'에서 『정치경제학 비판 요강』(1857~1858)을 펴낼 때 「바스티아와 케리」로 함께 묶였습니다.[56]

마르크스가 1857~1858년에 어떤 심정으로 원고들을 썼을지 짐작하게 하는 편지들이 있는데요. 1856년 11월 엥겔스는 마르크스에게 편지를 썼습니다. 당시 발발한 공황이 "전대미문의 심판"이 될 것 같다고, 유럽 전체의 산업이 망할 것 같다고 했죠. "혁명은 이번과 같은 멋진 순수상태(tabula rasa)를 다시는 쉽게 발견하지 못할 것입니다."[57] 마르크스는 마음이 바빴습니다. 그는 노동자들에게 혁명적 정세 속에서 사태를 제대로 인식시키기 위해 빨리 책을 펴내야겠다고 생각했습니다. 1857년 12월, 마르크스는 엥겔스에게 보낸 편지에 이렇게 썼습니다. "내 경제학 연구를 밤새 미친 듯이 요약하고 있네. 대홍수 이전에 최소한 그 개요(요강, Grundrisse)만이라도 명확히 하기 위해서 말일세."[58] 『정치경제학 비판 요강』은 이런 맥락에서 탄생한 책입니다. 혁명보다 먼저 뛰어나가 혁명을 위해 자본주의 위기의 본질을 신속하게 그려낸 스케치라고 할 수 있지요.

「바스티아와 케리」도 이 와중에 쓴 글입니다. 정세에 개입할 목적으로 쓴 글이지요. 바스티아와 케리의 '조화' 이데올로기는 당시 노동운동에 상당한 위협이었습니다. 노동자들에 대한 착취를 은폐하고 부르주아들이 유포하는 환상 속에 노동자들을 가둘 수 있었으니까요.[59] 특히 자본주의 공황이 닥쳤을 때 이런 이데올로기는 계급투쟁에 치명적입니다. 공황이 혁명으로 발전하지 못하도록 방어벽 역할을 하지요. 공황을 자본주의의 원리 자체에서 생겨난 문제가 아니라 자본주의 원리가 제대로 작동하지 못함으로써 이를테면 몇몇 지도자나 정치 세력이 잘못된 정책을 폈기 때문에 생겨난 문제인 것처럼 보이게 합니다. 게다가 공황과 더불어 누구보다 큰 위기에 처한 노동자들로 하여금 위기 극복을 위해 더 순응적 태도를 보이도록, 더 큰 희생을 감내하도록 만들지요. 내 생각에는 이것이 바로 마르크스가 바스티아와 케리 같은 부류의 엉터리 학자들을 강력하게 규탄하고 탄핵하는 이유입니다.

　이렇게 해서 『자본』 제6편이 모두 마무리되었습니다. 만약 연극이라면 여기서 막을 한번 내려야 할 것 같습니다. 제2편에서 마르크스는 자본 개념을 규정하고 잉여가치가 노동력이라는 특별한 상품의 사용에서 나온다는 것을 밝혔습니다. 그리고 제3편부터 본격적으로 잉여가치가 어떻게 생산되는지를 살펴보았습니다. 잉여가치의 생산과 관련해 노동일의 길이(제3편), 노동생산력의 발전(제4편)이 어떤 의미를 갖는지를 살펴보았고, 노동력의 가치(임금)와 잉여가치의 크기가 상대적으로 어떻게 변동하는지를 보았습니다(제5편). 아울러 노동력의 가치(가격)가 임금형태를 취할 때 어떤 환상이 일어나는지도 보았지요(제6편). 마치 '관계자 외 출입금지' 영역인 공장에 숨어 들어가 자본증식의 비밀을 샅샅이 파헤친 느낌입니다.

그런데 제7편부터는 풍경이 완전히 달라집니다. 시야가 시간적으로도 공간적으로도 크게 확대됩니다. 마치 공장에서 나온 마르크스가 언덕에 올라 도시의 전체 풍경을 보는 것 같습니다. 어떤 점에서는 제7편에 와서야 비로소 '자본주의적 생산양식'에 대해 말한다고 해도 좋을 것 같습니다. 제7편에서 다루는 것은 자본주의의 이런저런 요소가 아니라 자본주의 자체입니다. 전체로서 자본주의의 동학을 보여준다고 할까요. 과연 언덕에 오르면 어떤 풍경이 펼쳐질까요. 여기저기 연기가 피어오르는 공장들의 굴뚝을 보며 마르크스는 과연 무슨 생각을 떠올렸을까요.

노동력을 생산하는 노동에 대하여

마르크스는 『잉여가치 학설사』에서 '생산적 노동'에 대한 스미스의 두 가지 규정을 검토했는데요. 여기서 미묘한 물음 하나가 제기되었습니다. 노동력을 생산하는 노동은 생산적 노동인가. 스미스는 생산적 노동의 항목에 이 노동을 포함시키지 않았습니다. 마르크스는 이것을 '자의적'(willkürlich) 결정이라고 비판하면서도 스미스의 판단 자체에 대해서는 수긍하듯 말했습니다. 스미스가 "그에게 속삭이는 어떤 올바른 본능"을 따랐다고요. 본능이 이렇게 속삭였을 거라고 했어요. "거기[생산적 노동의 항목]에 이 노동을 포함시킨다면 이것도 저것도 생산적 노동이라 부르는 부당한 주장에 대해 문을 열어주게 된다"라고.[60] '노동력을 생산하는 노동'을 생산적 노동의 규정 바깥에 두는 것이 안전하다는 건데요. 마치 문밖에 감당할 수 없는 괴물이라도 사는 듯 문을 단단히 닫아거는 모습입니다.

○어떤 본능의 속삭임과 스미스의 착각──애초 이 물음이 제기된 맥락은 이렇습니다. 본문에서 본 것처럼 마르크스는 스미스의 생산적 노동에 대한 두 번째 규정을 문제 삼았는데요. 스미스는 '상품에 실현되는 노동' 즉 '상품을 생산하는 노동'을 생산적 노동이라고 불렀습니다. 그리고 한 걸음 더 나아가, 모든 상품이 아니라 일정한 내구력을 지닌 상품을 생산하는 노동을 생산적 노동이라고 했지요. 노동을 실현하자마자 해당 상품이 사라져버리는 노동 즉 서비스 노동을 제외한 것입니다.

생산물을 가지고 다음 생산과정에 사용할 노동력을 구매하려면 해당 생산물이 가치를 품은 채 일정 시간을 버텨줘야 한다는 뜻에서 한 말입니다. 서비스 상품은 봉사가 끝나자마자 사라지므로 가치를 보관할 수 없고 이 점에서 비생산적이라고 했지요.

물론 이것은 잘못 생각한 겁니다. 생산물에 노동(가치)이 담기는 것은 그 생산물의 소재와는 관련이 없습니다. 비물질적인 상품, 이를테면 운전과 같은 서비스 상품에도 노동이 담길 수 있습니다. 그것은 사라지지 않고 등가인 화폐형태로 전환되어 자본가의 수중에 들어가지요.

마르크스는 '노동의 물질화(Materialisieren)'에 대해 스미스가 착각을 하고 있다고 했습니다.[61] 노동(가치)이 상품에 물질화(혹은 대상화)된다는 것은 그것이 직접 나타나지 못하고 상품을 통해 나타난다는 뜻입니다. 가치는 『자본』 제1장에서 말한 것처럼 사회적 관계인데요. 그것이 상품이라는 하나의 사물(Ding)로 나타나는 거죠. 해당 사물에 가치가, 마치 영혼이 담겨 있는 것처럼 나타나지요. 이때의 사물이 만질 수 있는 물건인지 아닌지는 상관이 없습니다. 노동(가치)이 상품에 '물질화'(혹은 대상화)된다고 할 때, 이것은 마르크스의 표현을 쓰자면 '물체적 실재'(körperlichen Realität)에 대한 이야기가 아니라 '사회적 실존방식'(soziale Existenzweise)에 대한 이야기입니다. 가치가 상품형태로(사회적 관계가 하나의 사물로) 실존한다는 뜻이지, 어떤 만질 수 있는 물건이 된다는 뜻은 아

211

닙니다. 상품은 물건의 형태로만 있는 게 아닙니다. 서비스 상품도 있지요. 당연히 이런 서비스 상품에도 노동이 담겨 있습니다.

　모든 상품은 그것이 어떤 형태든 노동(가치)이 담긴 생산물입니다. 상품으로 판매된다는 것은 이미 거기에 노동이 담겨 있다는 뜻이지요. 여기서 분명해지는 게 있습니다. 만약 노동이 상품으로 판매된다면 상품으로서 그 노동은 노동자가 일을 행하는 순간의 노동 즉 '살아 있는 노동'일 수 없다는 거지요. 그것은 노동을 행하기 전에 과거 노동을 담은 채로 나와 있어야 합니다. 따라서 상품으로서의 노동은 '살아 있는 노동'이 아니라 그것을 발휘할 수 있는 능력 즉 '노동력'일 수밖에 없습니다[마르크스는 『잉여가치 학설사』에서 이를 두고 '노동능력'(Arbeitsvermögen)이라는 말을 썼습니다].[62] 이 상품(노동력)을 특수한 사용가치 때문에 소비자들이 구매했는가 아니면 가치증식을 위해 자본가가 구매했는가는 상관이 없습니다. 노동자들이 판매한 상품은 '노동력'입니다.

　스미스의 두 번째 규정에 따르면 '상품을 생산하는 노동'이 생산적 노동입니다. 스미스는 물건 형태의 상품을 생산하는 노동에 대해서는 아무런 망설임 없이 생산적 노동이라고 했습니다. 그런데 노동력을 생산하는 노동에 대해서는 그렇게 하지 않았습니다. 노동력도 상품인 한에서는 과거의 노동이 대상화되어 있습니다. 노동력이라는 상품을 생산하고 육성하고 유지하며 재생산한 노동이 있지요. 상품을 생산했으니 이 노동에 대해서도 마땅히 생산적 노동이라고 해야 합니다. 그런데 스미스는 물러섰습니다. 앞서 말한 것처럼 그의 어떤 '올바른 본능'이 만류했거든요. 이것을 넣으면 온갖 노동이 다 생산적 노동의 범주에 들어온다고.

○재생산 노동의 무가치화──스미스는 생산적 노동에 대한 자신의 규정에 부합함에도 불구하고 '노동력을 생산하는 노동'을 제외했습니다. 그렇다면 마르크스는 어떨까요. 그는 '노동력을 생산하는 노동'을 어떻게 보았을까요. '올바른 본능'이라는 표현을 쓴 걸 보면 일단은 그도 스미스의 판단에 수긍했다고 볼 수 있는데요. 좀 미묘한 구석이 있기는 합니다. 우리는 똑같은 표현을 이미 본문에서 접한 바 있습니다. "부르주아 경제학자들이 잉여가치의 원천에 관한 뜨거운 쟁점을 너무 깊숙이 파고들어가는 것은 대단히 위험한 일임을 알아차리는 올바른 본능을 갖고 있었다"라고 했지요.[김, 698; 강, 709] 여기서 '올바르다'라는 것은 '진리에 맞다'가 아니라 '이해관계에 충실하다'라는 뜻입니다. 계급적 이해 때문에 진리를 향해 더 나아가지 못하는 부르주아 경제학자들을 조롱한 겁니다. 잉여가치의 원천으로 이어진 문이 열렸다면 계급투쟁이라는 괴물이 들어왔을 테니까요.

　　스미스에 대해서도 비슷합니다. 마르크스는 그를 비판하는 와중에 "올바른 본능"이라는 표현을 썼습니다. 마르크스가 잘못된 규정이라고 비판한 스미스의 두 번째 규정을 해설

하면서 나온 표현이지요. 상품을 생산하는 노동을 생산적 노동이라고 보았다면, 상품인 노동력을 생산한 노동도 생산적 노동으로 보아야 하는 게 아닌가. 마르크스는 스미스가 이론적으로 일관되지 못했음을 드러냈습니다. '본능'의 속삭임을 따랐다고 한 것은 스미스의 판단이 이론적인 것이 아님을 지적한 겁니다. 그럼에도 어떻든 '올바른' 본능이라고 했지요. 노동력을 생산하는 노동에 문을 열어주었다면 위험했을 텐데 판단을 잘했다는 뜻입니다. 여기서 풍기는 뉘앙스는 앞서 부르주아 경제학자들을 비판할 때와는 조금 다릅니다. 마르크스 역시 위험성에 대한 감각을 공유한다는 인상을 주니까요. 한편으로는 스미스의 일관성 없음을 질타하고 있지만 다른 한편으로는 마르크스 역시 판단 자체에는 동의하는 것으로 보입니다.

　　마르크스가 노동력을 생산(재생산)하는 노동에 대해 문을 닫아걸고 있다는 것은 단지 뉘앙스에서만 느껴지는 게 아닙니다. 이 점은 『자본』에서 노동력의 가치를 계산할 때 더잘 드러납니다. 그는 노동력의 가치를 일반적 상품의 경우와는 다른 방식으로 계산했습니다. 일반적 상품의 경우에는 해당 상품을 생산하는 데 필요한 사회적 노동량으로 가치를 구했습니다. 해당 상품에 대상화된 노동량을 계산하는 거죠. 그런데 노동력은 다릅니다. 노동력을 생산하는 노동이 아니라, 노동자가 필요로 하는 생활수단들의 가치 합계로 계산했습니다. 노동력을 생산(재생산)하는 작업장(이를테면 가정)에서 투여된 사회적 노동량이 아니라, 노동력 생산(재생산)에 필요한 상품들의 가치 즉 일반적 상품들을 생산하는 작업장(이를테면 공장)에서 투여된 사회적 노동량으로 구한 겁니다(두 가지 노동을 구분하기 위해 이제부터는 공장에서 일반적 상품을 생산하는 노동을 '생산노동', 가정에서 노동력을 재생산하는 노동을 '재생산노동'이라고 부르겠습니다).

노동력의 가치를 계산할 때 왜 이런 전환이 필요했을까요. 계산상의 편의 때문일 수 있지만 더 깊은 이유가 있어 보입니다. 이런 식으로 계산을 하면 무언가가 보이지 않게 됩니다. 바로 재생산노동입니다. 노동력의 가치를 일반 상품들(생활수단들)의 가치로 대체하고, 노동력이 생산되는 작업장을 일반 상품을 생산하는 작업장으로 대체하면, 우리는 생활수단을 가지고 노동력을 생산한 재생산노동을 떠올리기가 매우 어렵습니다.

언뜻 보면 노동력의 가치를 생활수단들의 가치로 단순히 대체한 것으로 보이지만 실상은 재생산노동을 계산에서 뺀 것이지요(『성부와 성자』, 129쪽). 일반 상품이라면 이렇게 생각하지 않을 겁니다. 생산수단을 모아둔다고 곧바로 생산물이 생겨나지는 않으니까요. 면화나 방추가 저절로 면사가 되지는 않습니다. 면사라는 새로운 사용가치를 얻으려면 면화와 방추에 방적공의 노동이 더해져야 합니다. 재생산영역에서도 마찬가지입니다. 생산영역에서 생산노동이 더해지듯 재생산영역에서도 재생산노동이 더해져야 합니다. 쌀은 밥이 아니니까요. 노동력 재생산에 필요한 생활수단의 사용가치는 쌀이 아니라 밥입니다. 그리고 쌀이 밥이 되려면 누군가의 노동이 다시 더해져야 합니다. 그런데 마르크스는 밥을 짓는 그 재생산노동을 노동력 재생산 계산에 포함하지 않고 단지 쌀값만 더하고 있습니다.

마찬가지로 마르크스는 노동력의 가치를 계산할 때 아이들의 출산과 양육비가 포함된다고도 했는데요. 그의 계산법은 분유와 기저귀 등의 가치를 더해 출산과 양육비를 산출하는 식입니다. 그러나 요람을 펴놓는다고 아이가 태어나는 게 아니고, 분유를 가져다놓는다고 아이가 크는 게 아닙니다. 아이를 낳고 먹이고 입히고 교육하는 노동이 추가로 투입되어야 하죠. 그런데 생활수단들의 가치만 더하면 이런 노동이 계산에서 빠져나갑니다. 이런 재생산노동을, 가치를 창출하는 노동으로 인정하지 않는 거죠. 비록 꼭 필요하고 소중한 노동이기는 하지만 경제적으로는 '무가치한 노동'으로 간주한 겁니다.

○재생산노동이 그저 '집안일'이 되어버리는 계산법——소중하지만 무가치한 노동. 생산에 관여하는 자연의 작용이 그렇습니다. 햇볕은 모두에게 소중하지만 무가치합니다. 아무도 그 대가를 지불하지 않지요. 무상으로 제공된 것입니다. 황태를 파는 상인은 덕장에서 황태가 겨울바람에 얼고 햇볕에 녹기를 여러 번 반복하며 훌륭한 맛을 갖게 되었다고 자랑합니다. 그러

나 바람과 햇볕은 사용가치를 높일 뿐 가치를 늘리지는 못합니다(햇볕이 들고 바람이 부는 곳을 찾아 황태를 널어둔 노동자의 생산성을 높이는 역할을 할 뿐이지요). 황태 생산자는 자연의 노고에 대해 한 푼도 값을 치르지 않습니다. 노동력의 가치에 대한 마르크스의 계산법은 재생산노동을 이런 자연의 작용처럼 간주하는 겁니다.

마르크스는 노동력을 생산하는 노동을 생산적 노동으로 간주하면 온갖 노동이 전부 생산적 노동의 범주 안으로 들어가게 될 것이라고 했는데요. 밥을 짓고 옷을 입히고 사랑을 나누고 자식을 낳는 일 등을 상품을 생산하는 노동으로 간주하면 또 다른 문제가 생겨날 것이라는 이야기지요. 무엇보다 인간을 낳고 돌보는 일(인간의 생산과 재생산)이 상품의 생산과 동일시될 겁니다.

개념적으로 보면 물론, 노동자와 노동력은 전혀 다릅니다. 노동자는 자신의 노동력을 파는 것이지 자기 자신을 파는 것이 아닙니다. 노동자 자신이 상품이 된다면 그는 노동자가 아니라 노예겠지요. 자본주의는 상품을 생산하고 판매하는 사회이지 인간을 생산하고 판매하는 사회가 아닙니다. 그런데 문제는 인간인 노동자를 낳고 양육하고 돌보는 것과 상품인 노동력을 생산하고 재생산하는 것이 현실적으로 구분되지 않는다는 점입니다. 사람을 키워내는 일과 그의 능력을 키워내는 일이 별개일 수 없지요. 애초 주체와 능력을 분리한다는 것 자체가 개념적인 것입니다. 노동력의 상품화는 이것을 전제하고 있지만, 실제로는 노동자가 자기 능력을 분리해서 물건처럼 구매자에게 넘기는 게 아닙니다. 단지 일정시간 동안 주체성(인격)을 포기하고 타인의 명령에 복종하며 능력을 발휘하는 것이지요(마르크스의 말처럼, 시간이 한정되지 않았다면 사실 노예와 다를 바 없습니다. 『화폐라는 짐승』, 26쪽).

노동자와 노동력이 별개일 수 없다는 것은, 마르크스가 노동력의 지출을 노동자의 '생명력 지출'이라고 부르는 점에서도 드러납니다(『생명을 짜 넣는 노동』, 89쪽). 노동력 지출은 생명력의 지출이고, 노동력 재생산은 생명력의 재생산입니다. 그러니 생명을 낳고 기르고 관리하는 일과 노동력을 생산하고 기르고 발전시키는 일을 칼로 두부 자르듯 나눌 수 없는 것이지요.

아마도 마르크스는 재생산노동을 생산적 노동으로 간주하면 이런 골치 아픈 문제를 고려하지 않을 수 없게 된다고 보았을 겁니다. 일반적 상품이라면 상품을 생산하는 노동과 그렇지 않은 활동을 구분할 수는 있지만 노동력의 경우에는 그렇지가 않을 테니까요. 출산·양육·섹스·식사·놀이 등 인간의 신체와 정신의 형성에 관계하는 모든 활동들을 노동력이라는 상품을 생산하는 활동으로 보아야 한다면 과연 어디까지, 얼마나 인정할 수 있을까…. 간단한 문제가 아니지요.

그래서 마르크스는 이런 활동들을 모두 가치의 생산영역 바깥으로 밀어낸 것 같습니다. 밥 먹고 옷 입고 섹스하고 아이를 낳고 기르는 일을 자연의 영역, 본성의 영역에 두는 거죠.

햇볕이 비추고 바람이 불듯이 또 동물들이 새끼를 낳고 먹을 것을 구하듯 자연에 따라, 어떤 본성에 따라 무상으로 행해지는 활동들로 처리한 겁니다. 우리 삶에 필수적이고 노동력의 사용가치를 늘려주기는 하지만 교환가치(가치)는 조금도 늘리지 못하는, 비가치적 활동, 조금 강하게 말하자면 무가치한 활동으로 보아버리는 겁니다. 해당 노동력을 생산하는 데 필요한 재화들의 가치는 계산하지만 여기에 필요한 노동은 무가치한 것, 무상으로 제공된 것으로 간주한 셈이지요. 요컨대 재생산노동들을 '가치화'(valorize)하는 대신 '자연화'(naturalize)한 셈입니다.

그러나 이렇게 재생산노동을 '자연화'(혹은 '본성화')하면 재생산영역 자체를 비역사적인 것으로 만들 수 있습니다. 재생산이 역사적으로 특수한 사회형태인 자본주의에서 이루어지고 있다는 사실을 망각하게 된다는 이야기죠. 인간의 생산과 노동력의 생산을 구분하기 어렵다는 것은 인간의 생산이 자본주의와 무관하게 이루어질 수 없다는 뜻이기도 합니다. 자본주의에서 노동력 생산이 중요하다면(노동력은 자본주의를 가능케 하는 핵심 상품이지요), 바로 그런 이유로 자본주의에서는 인간의 생산도 무척 중요합니다. 마르크스는 고대에서는 생산의 목적이 인간(공동체 성원의 생산)에 있는 반면 근대에서는 인간의 목적이 생산에, 특히 부의 생산에 있다고 했는데요.[63] 실제로는 근대 자본주의에서도 인간의 생산은 무척 중요한 문제입니다. 노동력의 생산이 인간의 생산과 결코 별개 문제가 아니니까요.

현재 한국 사회가 이 점을 분명하게 보여주고 있습니다. 출생률 저하는 생물학자 이상으로 경제학자가 관심을 갖는 주제입니다. 출생률 저하는 노동인구(생산인구)의 감소를 의미하니까요. 양육도 그렇습니다. 어떤 신체, 어떤 정신을 가진 아이를 키울 것인가, 학교에서 무엇을 가르칠 것인가는 자본주의 산업구조와 무관하지 않습니다. 아이를 잘 키워냈다고 해서 자본가들이 부모의 육아노동에 대해 지불하는 것은 아니지만 그것을 끊임없이 요구하기는 합니다.

레오폴디나 포르투나티(Leopoldina Fortunati)는 자연화된 재생산노동을 비자본주의적인 것이나 전 자본주의적인 것으로 간주하는 것을 강하게 비판했습니다.[64] 재생산영역을 자연의 영역에 둔다고 해도 그것은 자본주의 바깥에 있는 것이 아니라 자본이 요구하는 자연이고 자본이 요구하는 형태로 생산되는 자연이기 때문입니다. 노동력을 생산하는 노동으로서 재생산노동은 자본주의를 가능케 하는 노동입니다. 자본주의 바깥, 가치생산(잉여가치생산)의 바깥에 있는 노동이 아니라 그것을 떠받치고 있는 노동이지요. 게다가 재생산노동을 자연화하는 것은 그것을 지불하지 않는 노동 즉 불불노동으로 만드는 것입니다. 만약 생활수단의 가치들만이 아니라 재생산노동까지 포함한다면 노동력의 가치는 훨씬 더 올라갈 겁니다. 그만큼 잉여가치가 줄어들 수밖에 없지요. 달리 말하면 자본으로서는 재생산노동을 자연화함으로써 더 많은 잉여가치를 얻습니다.

이 점에서 노동력의 가치에 대한 마르크스의 계산법은 자본의 이해관계와 통하는 면이 있습니다. 재생산노동을 비생산적 노동으로 간주하고 자본과 맺는 관계를 차단해버림으로써 재생산노동을 소위 '집안일'로 만들어버렸습니다. 자본은 재생산노동이 잉여가치에 기여하는 만큼 재생산노동을 착취하는 셈인데, 그것이 '집안일'이 되어버리면 자본가와 재생산노동자의 문제가 아니라 집안일에 무관심한 남편(남성 공장노동자)과 가사노동에 시달리는 아내(여성 가사노동자)의 문제처럼 보입니다.

포르투나티의 지적처럼 재생산노동의 자연화는 부르주아 이데올로기에 정확히 부합합니다. "부르주아 이데올로기에 따르면 여성은 엄밀한 의미에서는 노동하지 않으며, 해방되었든 안 되었든 오히려 아내와 어머니로서 사명을 갖고 있다. 자유로운 남성 노동자에게 여성은 가정주부이거나 매춘부이다. 즉 여성들은 '사랑'을 위한 것이든 아니든 사적 서비스를 제공한다. 자본을 위해서, 여성들은 간접적으로 임금을 받는 가사노동자 혹은 성노동자가 되기 위해서 사회적 노동의 '자연적' 힘이어야 한다."[65]

○문밖의 유령들──1970년대 초에 레오폴디나 포르투나티, 마리아로사 달라 코스타(Mariarosa Dalla Costa), 셀마 제임스(Selma James) 등 이탈리아 페미니스트들이 이 문제를 강하게

제기했습니다. 이들은 마르크스가 일반적인 상품 생산의 형태 이외의 가치 생산노동을 인식하지 못했으며, 자본축적 과정에서 여성들의 불불노동인 재생산노동의 중요성을 알아보지 못했다고 지적했습니다.[66]

　　이들은 '가사노동에 대한 임금 지급'(Wages for House-work) 운동을 전개했는데요. 단순히 주부들에게도 얼마간의 임금을 지급해달라는 차원의 요구가 아니었습니다. 엄밀히 하자면 이 운동은 '가사노동에 반대하는 임금투쟁'(wages against housework)이라고 할 수 있습니다. 실비아 페데리치(Silvia Federici)는 이 운동의 취지를 이렇게 설명했습니다. "가사노동에 대한 임금 지급을 요구하는 것은 우리에게 임금을 지불하기만 한다면 이 일을 계속하겠다는 뜻이 아니다. 정확히 말해 그 반대다. 우리가 가사노동에 대한 임금을 원한다고 말하는 것은 그 노동을 하는 것을 거부하는 첫 걸음이다. 왜냐하면 임금에 대한 요구가 우리가 하고 있는 노동을 가시화할 것이고, 이는 그것에 맞서 투쟁할 때 가장 불가결한 조건이기 때문이다…. 우리가 가사노동에 대한 임금을 원한다고 말하는 것은… 자본이 우리의 요리, 미소, 섹스로부터 돈을 벌어왔고 또 벌고 있음을 드러내는 것이다."[67]

　　가사노동에 대한 임금 지급 투쟁이 일차적으로 겨냥했던 것은 '재생산노동의 자연화'였습니다. 가사노동을 노동이 아닌 본성적 활동, 자연적 활동으로 보는 것에 반대한 겁니다. 가사노동을 자연화하고 나면 다음에는 그 자연(본성)이 여성의 것이라고 말합니다. 여성이 그런 노동에 적합한 정신과 신체를 타고난 것처럼 말입니다. 한마디로 집안일은 여성의 일이라는 거죠.[68] 가사노동에 대한 임금 지급 투쟁은 가사노동이 엄연한 노동이며, 여성의 본성도 아니고, 당연히 여성의 일도 될 수 없다는 점을 드러내는 투쟁입니다. 즉 가사노동을 수행하고 있으니 임금을 달라는 투쟁이 아니라, 가사노동을 수행하지 않겠다는 선언에 가깝지요. 여성에게 자본주의사회가 할당한 역할을 거부하는 투쟁이라고 할 수 있습니다.

이 투쟁은 확실히 생산영역 노동자들의 임금투쟁과는 다릅니다. 착취의 성격도 다르고요. 여기서는 자본가가 생산노동자에게 노동력의 가치에 합당한 지불을 했는지가 문제가 아닙니다. 더 나아가면 잉여가치의 직접적 원천이 노동력의 가치와 노동력을 사용함으로써 얻어낸 가치의 차이에 있다는 것, 즉 자본증식의 비밀이 상품 생산에 참여한 노동자의 잉여노동에 있다는 것도 문제가 아닙니다. 이 투쟁이 부각하는 것은 '가치화/자연화' 자체입니다. 가치 이상으로 부려먹은 노동의 문제가 아니라 가치로 인정받지 못하는 노동의 문제이지요. 이 투쟁은 우리로 하여금 '착취된 가치'가 아니라 '가치외 착취' 즉 '가치화' 자체의 착취에 대해 생각하게 합니다 (『화폐라는 짐승』, 203쪽).

자본주의적 생산양식에서 이루어지는 착취는 공장노동자에게만 일어나는 게 아닙니다. 마르크스는 '잉여가치율'을 '착취도'라고 불렀는데요. 자본주의사회에는 착취를 당하고 있음에도 '착취도' 계산에서는 빠져나간 존재들이 많습니다. 상품(가치)을 생산하면서 그것을 부인당하는 재생산노동자들이 그렇고요(그래도 재생산노동자의 경우에는 생산노동자의 임금이 가족임금의 성격을 갖는 한에서 필요노동의 일부를 지급받는다고 볼 수도 있습니다. 그리고 계산에서는 빠졌지만 원리상으로는 노동력이 상품인 한 재생산노동도 상품을 생산하는 노동임을 부인할 수 없지요). 조금 더 나아가면 인간적 개념인 '가치' 자체에 들어올 수 없는 동물들의 노동이 있고, 여기서 더 나아가면 자본주의적 생산에 무차별로 동원되면서 망가지는 지구 생태계가 있습니다.

물론 이런 착취들은 정치경제학(가치론)에서는 계산할 수 없는 것들입니다. 가치론 바깥에 있지요(재생산노동은 반쯤 걸쳐 있고 나머지는 아예 바깥으로 밀려나 있습니다). 그렇다고 가치생산과 무관한 것은 아닙니다. 자본주의적으로 착취당하면서 자본주의적으로 계산되지 않을 뿐입니다. 따라서 이런 존재들이 착취에 저항한다면(당연히 저항할 수밖에 없지요) 그것은 설령 생태계에서 일어난 일이라 해도 명백히 반자본주의적 성격을 갖습니다.

왜 마르크스는 『자본』에서 이들의 노동, 이들의 투쟁을 다루지 않았을까요. 물론 『자본』에는 이들이 몸이 없는 유령처럼, 산업노동자들의 희생에 대해 말할 때 비유로서 등장합니다(『거인으로 일하고 난쟁이로 지불받다』, 171~172쪽). 또 자본주의적 생산에 동원되면서 생태계(토지) 역시 노동자만큼이나 파괴당한다는 점이 지적되어 있습니다(『자본의 꿈 기계의 꿈』, 184~185쪽). 그러나 정치경제학의 논리를 따라가며 그것을 내파시키고 전복시키는 서술방식 때문인지 마르크스는 『자본』에서 이들을 '정치경제학 영역 바깥의 유령들'처럼 다루고 있습니다.

정치경제학 바깥의 유령들. 원래 이 표현은 마르크스 자신이 정치경제학자들을 비판하면서 한 말입니다. 정치경제학자들이 노동하지 않는 존재들을 경제학 바깥으로 밀어내고 유령처럼 다룬다고요(『화폐라는 짐승』, 203쪽). 그런데 이번에는 마르크스 자신이 그렇게 다루고 있는 것 같습니다. 재생산노동이 들어오지 못하도록 생산적 노동의 문을 닫아건 스미스의 본능에 공감을 표하면서 말이지요.

마르크스는 왜 재생산노동의 중요성을 인식하지 못했는가. 페데리치는 이것이 마르크스만이 아니라 당대 학자들 모두에게 나타난 문제라고 말합니다. 그리고 이는 당시 영국 노동자계급의 상태와 관련이 있을 거라고 했습니다.[69] 19세기 후반까지 영국 노동자계급의 노동일은 너무 길었습니다. 노동일의 무제한적 확장으로 재생산노동 시간이 너무 짧았지요. 재생산노동이 제대로 이루어질 수 없었습니다. 잠자는 시간조차 모자랐으니까요. 노동자계급은 사실상 자신의 노동력을 제대로 재생산하지 못했습니다. 평균수명이 20대였다고 하니까요.

하지만 마르크스에게는 다른 학자들과 달리 또 다른 이

유, 어쩌면 더 중요한 이유가 있었던 것 같아 보입니다. 페데리치는 마르크스의 경우에는 혁명에 대한 사고가 더 큰 영향을 미친 것 같다고 말합니다.[70] 해방이 생산력의 발전과 더불어 올 수 있다고 보았다는 거지요. 해방의 주체는 당연히 산업노동자들이고요. 이는 『자본』에서 읽어낼 수 있는 마르크스의 정신이기도 합니다(『다시 자본을 읽자』, 138쪽). 마르크스는 자본주의의 성장과 더불어 성장하고 더욱 강력해지는 것을 자본주의 전복의 무기로 삼습니다. 자본주의가 발전시키는 생산력(기계)과 프롤레타리아트(산업노동자들)가 그런 존재들이지요(『자본의 꿈 기계의 꿈』, 6장).

그러나 반체제운동은 공장 안에서만 일어나지 않습니다. 자본주의에서는 가치화(가치증식)만큼이나 비가치화가 일어나고, 노동자를 착취하는 것만큼이나 어쩌면 그 이상으로 비노동자들을 착취합니다. 산업노동자가 아닌 프롤레타리아트도 착취당하고 있으며 또한 착취에 저항하며 싸우고 있습니다. 여성, 빈민, 원주민 등이 그렇고 프롤레타리아트 개념을 만약 인간 너머까지 적용할 수 있다면, 동물이 그렇고 자연 생태계가 그렇습니다.

앞서 본 것처럼 마르크스는 리카도 학파가 잉여가치 원천으로 나아가지 않은 것이 거기 거대한 위험이 있음을 알아차린 "올바른 본능" 때문이라고 비꼬아 말했습니다. 스미스가 노동력을 생산하는 노동을 생산적 노동에 포함하지 않은 것도 "올바른 본능" 때문이라고 했습니다. 둘 모두 계급적 본능에 따라 이론적 일관성을 잃더라도 현실적 이해관계를 수호하는 길을 택했습니다. 마르크스는 어떨까요. 그는 혹시 이론적 이해관계 때문에 현실의 억압받는 자들, 그리고 그 억압에 맞서 싸우는 자들에게 문을 열어주지 못했던 것은 아닐까요. 혹은 어떤 남성주의적 본능, 인간주의적 본능이 그에게 속삭였던 것은 아닐까요. 문을 열면 감당하기 힘든 투쟁이 벌어진다고⋯. 이런 생각을 떠올리니 왠지 『자본』 바깥에서 문을 두드려대는 유령들의 소리가 들리는 것만 같습니다.

1　K. Marx & F. Engels, *Die deutsche Ideologie,* 1845(최인호 옮김, 『독일
이데올로기』, 『칼 맑스 프리드리히 엥겔스 저작 선집』, 제1권, 박종철출판사,
1993, 193~194쪽).

2　K. Marx, *Zur Kritik der Hegel'schen Rechtsphilosophie: Einleitung,*
1844(최인호 옮김, 『헤겔 법철학 비판을 위하여』 서설, 『칼 맑스 프리드리히
엥겔스 저작선집』, 제1권, 박종철출판사, 1993, 3~4쪽).

3　K. Marx, *Grundrisse der Kritik der politischen Ökonomie* "Einleitung",
1857(김호균 옮김, 「서설」, 『정치경제학 비판 요강』 I, 백의출판사, 2000,
77쪽).

4　K. Marx, "맨체스터에 있는 엥겔스에게"(1865년 7월 31일 편지), *MEW*
31, 132쪽.

5　A. Smith, *An Inquiry into the Nature and Causes of the Wealth of
Nations,* 1776(김수행 옮김, 『국부론』, 동아출판사, 1996, 317쪽).

6　A. Smith, 같은 책, 같은 쪽.

7　A. Smith, 같은 책, 같은 쪽.

8　A. Smith, 같은 책, 318쪽.

9　A. Smith, 같은 책, 317쪽.

10　A. Smith, 같은 책, 318쪽.

11　A. Smith, 같은 책, 319쪽.

12　K. Marx, *Theorien über den Mehrwert,* 1862~1863(편집부 옮김,
『잉여가치 학설사』 I, 아침, 1991, 170쪽).

13　A. Smith, 앞의 책, 317쪽.

14　K. Marx, 『잉여가치 학설사』 I, 175쪽.

15　K. Marx, 같은 책, 176쪽.

16 A. Smith, 위의 책, 317~318쪽.

17 K. Marx, 『잉여가치 학설사』 I, 171~172쪽.

18 Ray Monk, *Ludwig Wittgenstein–The Duty of Genius*, 1990(남기창 옮김, 『루트비히 비트겐슈타인 1: 천재의 의무』, 문화과학사, 2001, 26쪽).

19 K. Marx, 『잉여가치 학설사』 I, 179쪽.

20 홀거 하이데(H. Heide), "[세계의 창] 사립학교에서 이윤 뽑기?", 『한겨레신문』, 2018년 11월 21일(〈http://herstory.hani.co.kr/arti/opinion/column/323303.html#sitemap〉, 2019. 12. 30. 최종 접속).

21 K. Marx, 『잉여가치 학설사』 I, 171쪽.

22 K. Marx, 『잉여가치 학설사』 I, 171쪽.

23 고병권, 『민주주의란 무엇인가』, 그린비, 2011, 62쪽.

24 T. Hobbes, *Leviathan or The Matter, Forme and Power of a Common-Wealth Ecclesiasticall and Civil*, 1651(한승조 옮김, 『군주론/리바이어던』, 삼성출판사, 1995, 260쪽).

25 K. Marx, *Das Kapital: Kritik der politischen Ökonomie*, 1867(김수행 옮김, 『자본』, III-하, 비봉출판사, 2015, 952~953쪽).

26 Marshall Sahlins, "La première société d'abondance", *Les Temps Modernes*, No 268, Oct, 1968(박충환 옮김, 『석기시대 경제학』, 한울아카데미, 2014, 45쪽).

27 Marshall Sahlins, 같은 책, 49쪽과 55쪽.

28 P. Clastres, *Recherches d'anthropologie politique*, 1980 (변지현·이종영 옮김, 『폭력의 고고학: 정치인류학 연구』, 도서출판 울력, 2002, 177쪽).

29 P. Clastres, *La Société contre l'État*, 1974(홍성흡 옮김, 『국가에 대항하는 사회』, 이학사, 2005, 제11장).

30 P. Clastres, 『국가에 대항하는 사회』, 237쪽.

31 P. Clastres, 같은 책, 같은 쪽.

32 M. Heidegger, *Die Technik und die Kehre,* 1962(이기상 옮김, 『기술과 전향』, 서광사, 1993, 41쪽).

33 M. Heidegger, 같은 책, 같은 쪽.

34 M. Foucault, *Les mots et les choses,* 1966(이광래 옮김, 『말과 사물』, 민음사, 1995, 303쪽).

35 M. Foucault, 같은 책, 304쪽.

36 M. Foucault, 같은 책, 305쪽(번역은 수정).

37 R. Descartes, *Discours de la méthode,* 1637(이현복 옮김, 『방법서설』, 문예출판사, 2001, 216쪽).

38 R. Descartes, 같은 책, 220쪽.

39 G. Deleuze, *Spinoza-Philosophie Pratique,* 1981(박기순 옮김, 『스피노자의 철학』, 민음사, 2001, 168쪽).

40 정운영, 『노동가치이론연구』, 까치, 1993, 100쪽에서 재인용.

41 정운영, 같은 책, 같은 쪽.

42 R. S. Sayers, "Ricardo's Views on Monetary Questions", Papers in *English Monetary History,* Oxford University Press, 1953, p. 94에서 재인용. 그리고 고병권, 『화폐, 마법의 사중주』, 그린비, 2005, 273~274쪽도 참조.

43 B. Russell, *In Praise of Idleness,* 1935(송은경 옮김, 『게으름에 대한 찬양』, 사회평론, 1998, 27쪽).

44 D. Harvey, *A Companion to Marx's Capital,* 2010(강신준 옮김, 『데이비드 하비의 맑스《자본》강의』, 창비, 2014, 432~433쪽).

45 D. Harvey, 같은 책, 433쪽.

46 K. Marx, *Zur Kritik der Hegelschen Rechtsphilosophie: Einleitung,* 1844
(최인호 옮김, 『헤겔 법철학 비판을 위하여』 서설, 『칼 맑스 프리드리히
엥겔스 저작선집』, 제1권, 박종철출판사, 1993, 3~4쪽).

47 강신준, 「임금에 대한 마르크스 경제학과 부르주아 경제학의
차이점」[Maurice Dobb, Wages, 1928(강신준 옮김, 『임금에 대하여』,
도서출판 길, 2019, 10~11쪽)].

48 K. Marx, *Das Kapital: Kritik der politischen Ökonomie,* 1894
(김수행 옮김, 『자본론』 III-상, 비봉출판사, 2015, 408쪽).

49 "알바생들 2019년 고민 상담 1위 '주휴수당', 알바천국 발표", 2020.
1. 10. 〈http://www.alba.co.kr/story/brand/MediaReportView.
asp?idx=3422&page=1〉(2020. 2. 12. 최종 접속).

50 "'주휴수당' 달라고 하자 '그런 게 있어요?'", 『한겨레신문』, 2011.
9. 6. 〈http://www.hani.co.kr/arti/society/labor/495008.html〉
(2020. 2. 12. 최종 접속).

51 "韓노동시간 OECD 2위… 獨보다 넉 달 더 일하고 임금은 70%", 연
합뉴스, 2017. 8. 16, 〈https://www.yna.co.kr/view/
AKR20170815071000002〉(2020. 2. 12. 최종 접속).

52 박정훈, "플랫폼의 신종 노무관리", 『경향신문』, 2020. 2. 5, 〈http://
news.khan.co.kr/kh_news/khan_art_view.html?artid=2020020520
53005&code=990100〉(2020. 2. 13. 최종 접속).

53 K. Marx, 「바스티아와 케리」, 『정치경제학 비판 요강』 I, 34쪽.

54 K. Marx, 같은 책, 같은 쪽.

55 K. Marx, 같은 책, 46쪽.

56 K. Marx, 같은 책, 429쪽(독일어판 편집자 주).

57 F. Engels, "런던에 있는 마르크스에게"(1856년 11월 17일 편지), *MEW* 29, 86쪽

58 K. Marx, "맨체스터에 있는 엥겔스에게"(1857년 12월 8일 편지), *MEW* 29, 225쪽.

59 K. Marx, 위의 책, 15쪽(독일어판 편집자 서문).

60 K. Marx, 『잉여가치 학설사』 I, 186쪽(*MEW* 26_1, 141쪽).

61 K. Marx, 같은 책, 같은 쪽.

62 K. Marx, 같은 책, 같은 쪽.

63 K. Marx, *Grundrisse der Kritik der politischen Ökonomie* "Einleitung", 1857~1858(김호균 옮김, 『정치경제학 비판 요강』 II, 백의, 2000, 109쪽과 112쪽).

64 Leopoldina Fortunati, *L'arcano della riproduzione: Casalinghe, prostitute, operai e capitale,* 1981(윤수종 옮김, 『재생산의 비밀』, 박종철출판사, 1997, 23~24쪽).

65 Leopoldina Fortunati, 같은 책, 45쪽.

66 Silvia Federici, "The Reproduction of Labor Power in the Global Economy and the Unfinished Feminist Revolution"(2008), *Revolution at Point Zero: Housework, Reproduction, And Feminist Struggle,* PM Press, 2012, p. 92.

67 Silvia Federici, "Wages against Housework"(1975), *Revolution at Point Zero: Housework, Reproduction, And Feminist Struggle,* PM Press, 2012, p. 19.

68 Silvia Federici, 같은 글, 같은 책, pp. 16~17.

69 Silvia Federici, "The Reproduction of Labor Power in the Global
    Economy and the Unfinished Feminist Revolution"(2008), *Revolution
    at Point Zero: Housework, Reproduction, And Feminist Struggle*, PM
    Press, 2012, p. 94.

70 Silvia Federici, 같은 글, 같은 책, p. 95.

〈북클럽 『자본』〉 Das Buch Das Kapital

9──임금에 관한 온갖 헛소리

지은이   고병권
2020년 3월 30일 초판 1쇄 발행
2021년 6월 7일 초판 2쇄 발행

책임편집   남미은
기획·편집   선완규·김창한·윤혜인
디자인   심우진 simwujin@gmail.com
활자   「Sandoll 정체」 530, 530i, 630
펴낸곳   천년의상상
등록   2012년 2월 14일 제2020-000078호
전화   (031) 8004-0272
이메일   imagine1000@naver.com
블로그   blog.naver.com/imagine1000

ISBN 979-11-90413-08-4 04100
       979-11-85811-58-1 (세트)

잘못된 책은 구입처에서 바꾸어드립니다.